CARLOS PÉREZ SALGUERO

CÓMO MEJORAR
TU FORMA DE COMUNICARTE
Método para una eficiente relación personal

EDICIONES UNIVERSIDAD DE NAVARRA, S.A.
PAMPLONA

Serie: Comunicación

Cupón para la Biblioteca Virtual

Accede a la versión eBook de este título por solo **1,99 €**. Con la compra de este libro puedes utilizar el siguiente cupón para la lectura en *streaming** desde la Biblioteca Virtual. **Sigue estas instrucciones** para visualizar tu libro:

1. Dirígete a la web de la Biblioteca Virtual en **https://ebooks.eunsa.es**.

2. En la web ve a **Iniciar sesión** e introduce tu email y contraseña. Si no estás registrado, deberás completar el proceso en **Registrarse**.

3. Tras registrarte, accede a la página del libro o lee el QR de esta página. Bajo el precio podrás **insertar el código oculto en el siguiente cupón para activar la promoción**.

Despegue para visualizar

Acceso directo al eBook

Canjéalo en ebooks.eunsa.es

*Con acceso a internet desde cualquier navegador.

© 2025. Carlos Pérez Salguero
Ediciones Universidad de Navarra, S.A. (EUNSA)
Campus Universitario • Universidad de Navarra • 31009 Pamplona • España
+34 948 25 68 50 • www.eunsa.es • eunsa@eunsa.es

ISBN: 978-84-313-3997-5
DL NA 80-2025

Fotografía:
Fotografía tomada por el autor en la bahía de Pollensa, Mallorca (Islas Baleares)

Imprime: Podiprint
Printed in Spain – Impreso en España

Agradecimientos

En primer lugar a Amparo, mi mujer y fiel compañera durante más de cuarenta años que siempre me ha apoyado y creído en mí (sin merecerlo), a mis hijos que me han animado a que siguiera adelante con este *proyecto*, a Sergi, amigo y fotógrafo, que me ha cedido unas excelentes imágenes de mi querida Pollensa (mi *segunda casa* y uno de los pueblos más bonitos de España), y también a mi tío Tito, gran periodista y mejor persona, que con sus sabios y oportunos consejos me ayudó a que este libro saliera delante. Espero que os guste.

Índice

Prólogo

Muchas gracias por haber elegido leer este libro. Observarás que se estructura en un formato peculiar, con un estilo directo y *salpicado* con experiencias personales, que lo convierte en una *clase viviente* de un curso de comunicación.

El objetivo, por supuesto, no es sentar cátedra de nada, sino ofrecerte unas ideas, extraídas de mi experiencia docente, que espero sean de utilidad para mejorar la forma en que te relacionas con quienes te rodean, de modo que tu capacidad de comunicarte en los ámbitos personal, familiar, e incluso profesional, se vea notablemente incrementada.

Comprobarás que, en las siguientes páginas, se alterna algo de teoría con ciertos consejos (unos más acertados que otros), anécdotas personales, recomendaciones y unas cuantas ideas, fruto de años de experiencia, que espero y deseo te sean de la mayor utilidad para mejorar la forma en que te comunicas y relacionas con quienes te rodean.

Si me otorgas tu confianza y procuras seguir las indicaciones apuntadas, dedicando el tiempo necesario a la formación, preparación y práctica, no te quepa duda de que, más pronto que tarde, mejorarás tu comunicación y experimentarás una auténtica satisfacción al hablar, sin importar el contexto de que se trate. Ya me dirás.

Introducción

¡Si crees, si te esfuerzas sin desesperar, siempre te será posible mejorar!

Saber comunicarnos eficientemente es imprescindible para mejorar nuestras relaciones personales y profesionales y, además, nos ayuda a ejercer adecuadamente cualquier tipo de liderazgo. No somos islas. Vivimos inmersos en una sociedad de la que formamos parte y en la que todos, hasta los más solitarios, tenemos necesidad de los demás para desarrollarnos como personas.

Por eso, considero totalmente necesario que sepamos relacionarnos eficientemente, pues lo que nos distingue como humanos es, precisamente, nuestra capacidad de comunicarnos con quienes nos rodean.

Generalmente, al hablar de liderazgo muchos estudiosos del mismo coinciden en la necesidad de que cualquier líder debería poseer una serie de cualidades específicas (sin detallar exactamente en qué cuantía, ni en qué grado), pero poco se incide en la valía moral[1] que, desde mi punto de vista, debería ser la cualidad esencial de todo líder y, por supuesto, de cualquier buen comunicador.

1. "Try not to become a man of success. Rather become a man of value". Atribuida a Albert Einstein, podría traducirse por: "Procura convertirte no en una persona de éxito, sino más bien en una de valores". La valía moral no

¿Por qué destaco la necesidad de la **valía moral** por encima de otras cualidades, tanto para comunicar mejor como para liderar eficientemente?

Sin entrar en profundidades, puede afirmarse que un buen líder es alguien que se ha hecho digno de ser seguido, para lo cual debe ser capaz de *atraer*. Esto, a grandes rasgos, coincide plenamente con lo que cualquier buen comunicador debería procurar siempre: *conquistar* a sus interlocutores.

Pero, además de atraerlos, de *conquistarlos*, lo esencial para cualquiera que busque comunicarse eficientemente es ser capaz de alcanzar los objetivos que se haya propuesto al hablar, para lo que necesitamos que quienes nos escuchen los hagan también suyos. Ésta es también una de las metas principales que todo comunicador debería siempre buscar y sobre la que, una y otra vez, insistiré a lo largo de estas páginas.

Y, tanto para formarnos como buenos comunicadores como para ejercer eficientemente cualquier tipo de liderazgo (ambos aspectos muy relacionados, como se explicará más adelante), debemos tratar de motivar a nuestros interlocutores y seguidores, para lo que es fundamental que, quienes ejerzan como comunicadores o tengan que liderar, hagan de la preocupación por el bienestar de sus oyentes o seguidores, una de sus prioridades esenciales.

Quizás te surja la duda de cómo se logra el bienestar de quienes te atienden o siguen. Yo estoy convencido de que la mejor forma de hacerlo es procurando primero comprenderles y tratarles con cariño para, después, plantearles nuestras ideas de la mejor forma posible al objeto de que vean la bondad de las mismas y, en la medida de lo posible, se vean impulsados a aceptarlas.

---

consiste en una única cualidad específica, sino que está compuesta por la suma de todas nuestras virtudes o dones, así pues, cuántas más virtudes nos *adornen*, más completa será nuestra *valía moral*.

Puedes ya imaginarte que no será una tarea sencilla, pues lamentablemente no podremos atender y dar respuesta a las necesidades de todos los que nos escuchen, pero sí deberíamos procurar, en la medida de nuestras posibilidades, intentar conseguir lo mejor para el mayor número de ellos.

Y, lo creas o no, esto es siempre percibido por quienes nos rodean (a todos nos gusta que se preocupen por lo nuestro, aunque sepamos que probablemente no siempre podrán *arreglarnos la vida)*, y esa muestra de interés nos anima, se agradece y nos predispone a ser más receptivos.

No obstante, comprobarás que pese a que realmente nos esforcemos por ayudar a quienes nos rodean, no en todas las ocasiones podremos solucionar todos sus problemas (no somos magos ni hadas), si bien a la mayoría de las personas les bastará con saber que hemos demostrado interés por ellas y que, por parte de quien les habla, hay voluntad de hacer todo lo que esté en nuestra mano para intentar solucionar esos problemas, aunque no siempre tengamos la capacidad de hacerlo.

No obstante, las más de las veces, nuestros interlocutores sólo necesitan que se les escuche con cariño e interés (que les prestemos nuestra atención, dedicándoles tiempo de calidad y ofreciéndoles nuestra comprensión y la mejor de nuestras sonrisas).

De todo esto puede concluirse que para ser un mejor comunicador no basta sólo con poseer determinadas cualidades, sino que hace falta mucho más.

Si como comunicadores buscamos alcanzar esa ansiada meta de lograr el apoyo incondicional de nuestros interlocutores, deberemos persuadirles y para ello necesitaremos que quienes nos atiendan secunden nuestras ideas pues, de otro modo, no lo conseguiremos.

Y para persuadirlos deberíamos ser capaces de trasladar convincentemente cualquiera de nuestros mensajes, explicándolos de forma tal que quienes nos escuchasen, los captaran en su totalidad, haciendo que, además, los sintieran como suyos, pues ésta es la única forma de garantizar que harán todo lo posible por secundarlos.

De ahí puede deducirse que, una de las cualidades imprescindibles que debería fomentar todo el que desee mejorar su forma de comunicarse, es la de ser capaz de trasladar persuasivamente cualquier mensaje, de modo que con ello mueva las voluntades de quienes le escuchen.

Y esto no se consigue sólo siendo capaz de hablar bien en público (que muchos lo hacen... y ni convencen ni persuaden), sino que se precisa conjugar unas ciertas dotes de oratoria imprescindibles (que no tienen por qué ser excesivamente brillantes, y que con práctica –sí, con mucha práctica– pueden mejorarse), con una gran capacidad de convicción que debe apoyarse en algo más que las palabras.

A este respecto, estoy totalmente convencido de que, si bien tanto para llegar a ser un buen comunicador como para liderar no se necesita contar con unas dotes físicas especiales, ni con unas aptitudes extraordinarias, *sí es del todo imprescindible saber expresarse correctamente y*, lo que es más importante, *hacer que los demás nos entiendan*, puesto que si no somos capaces de trasladar correctamente nuestras ideas, no seremos capaces de *mover voluntades* que, al fin y a la postre, es el *primer objetivo de todo comunicador*, también de cualquier líder y, a partir de ahora... el tuyo.

Y, pese a que diferentes teorías sobre el liderazgo inciden en la necesidad de poseer unos u otros valores para ejercerlo, no es menos cierto que *la única cualidad imprescindible para cualquier líder es la de hacer que sus seguidores entiendan sus directrices e ideas*, de forma tal que les motiven e impulsen a acoger como propios los objetivos del líder (que es, a su vez, el objetivo esencial de cualquier comunicador).

De ahí el título de este libro, que tiene como humilde objetivo proporcionar unas pautas que, con esfuerzo y perseverancia, te ayuden a mejorar tu faceta de comunicador (o *la de líder de opinión*, o *"influencer"*[2], si así lo prefieres, que es en lo que, en cierto modo, te conviertes al tomar la palabra) para convencer mejor mediante la palabra y con el ejemplo[3], destacando lo que considero imprescindible entender y practicar para que seamos capaces de perfeccionar nuestra capacidad de expresarnos y *llegar* así, de la mejor forma posible, a quienes deben importarnos: nuestros interlocutores.

Por eso, si queremos mejorar como personas, si deseamos ser mejores comunicadores, creo sinceramente que deberíamos luchar por fomentar nuestras virtudes[4] sin olvidar, desde luego, cultivar nuestra formación... y practicar, practicar y... practicar.

Antes compartía la opinión, más bien extendida, de que en este mundo sólo tienen *éxito* los mejor dotados, y que los demás, los que hemos recibido menos *dones*, tenemos que conformarnos con quedar en un segundo plano y observar como los únicos que *triunfan* son esos más afortunados.

¡Ahora ya no opino igual! En esta vida todo lo que vale la pena, cuesta, y para alcanzarlo (independientemente de los pocos o muchos dones que se hayan recibido) necesitamos confianza (creer), empeño (dedicación) y perseverancia (constancia). Con esta *sencilla receta*, querido lector, sí que seremos capaces de mejorar y

---

2. Diccionario de la RAE: La voz *influencer* es un anglicismo usado en referencia a una persona con capacidad para influir sobre otras, principalmente a través de las redes sociales.
3. San Juan Bosco: "la prédica más eficaz es el buen ejemplo".
4. Catecismo de la Iglesia Católica (CIC) 1803: "la virtud es una disposición habitual y firme a hacer el bien, que permite a la persona no sólo realizar actos buenos, sino dar lo mejor de sí misma".

podremos alcanzar la mayoría de nuestros anhelos (y en todos los ámbitos, no sólo en el de la comunicación).

Esto es lo que da respuesta al título de este libro, y la clave para hacerlo es esa *simple* receta (que no lo es tanto, claro), que procuraré explicar, más detalladamente, a lo largo de estas páginas. Puede que pienses: *¿qué tiene ver todo esto de las virtudes con la comunicación...?*

Muy probablemente hayas leído otros tratados sobre comunicación más extensos, documentados y completos que éste (seguro que sí) que te has decidido a empezar (gracias otra vez por ello), pero sinceramente creo que lo que en estas líneas descubrirás (a través de un enfoque particular, relativamente sencillo y novedoso –no sé de ningún otro documento en el que, de forma directa, se relacionen técnicas de comunicación con virtudes o dones–), podrá ayudarte a mejorar tu forma de comunicarte y a hacer mucho más llevaderas y agradables tus relaciones interpersonales (eso espero y deseo); pues quien se ejercita en las virtudes completa su formación como persona y eso, con toda seguridad, te ayudará a afrontar, con una visión más esperanzadora y ánimos renovados, las cotidianas dificultades que siempre te acompañarán.

¡Sobre las virtudes, seas o no creyente, descansa toda la moral humana!

Las virtudes teologales (*fe, esperanza y caridad*) ordenan nuestro ser hacia el fin sobrenatural (Dios), mientras que las cardinales (*prudencia, justicia, fortaleza y templanza*) encaminan nuestros actos también hacia ese fin último (Dios) y, por supuesto, hacia los demás.

Por tanto, puesto que las virtudes nos encaminan a Dios y a los demás (ya que la *esencia* de cualquier sociedad descansa en el respeto que debe profesarse hacia quienes nos rodean) y la comunicación es, a su vez, el *canal* por el que nos relacionamos con nuestros semejantes, podría decirse que la relación entre virtudes y comunicación es, cuanto menos, necesaria.

¿Por qué este libro? Porque el ser humano no se entiende en soledad. Todos necesitamos de los demás y eso pasa, necesariamente, por relacionarnos, para lo que forzosamente tenemos que comunicarnos con quienes conforman nuestro entorno. Y esa comunicación, tanto oral como escrita, tiene unas normas que conviene saber y practicar si queremos mejorar nuestra forma de tratar a las personas que nos rodean.

Además, puesto que la comunicación, en esencia, se basa en esa relación con nuestros iguales, considero del todo necesario que a esas normas (que, por supuesto, trataremos más adelante) se unan una serie de imprescindibles virtudes (que igualmente se detallarán) con las que adornar y forjar nuestro carácter.

Para poder mostrar estas ideas me he apoyado en la experiencia acumulada durante casi quince años en el sector de la formación académica militar, la mayoría de ellos como profesor de métodos de comunicación oral y escrita.

Mi primer destino como profesional en las Fuerzas Armadas fue ya como profesor, si bien eran otros tiempos y las clases que impartía eran excesivamente militares y, visto ahora con ojos más experimentados, poco pedagógicas.

De ese periodo de tres años como docente poco positivo recuerdo (si bien mis alumnos de entonces nunca se quejaron, benditos sean), y no fue hasta muchos años más tarde, en 2001, cuando empecé mi auténtica formación como profesor.

Recuerdo con horror mi primera clase, que fue ante unos cuarenta alumnos.

Reconozco que, aunque la *heredé* de un compañero (éste sí sabía realmente de qué hablaba, porque lo había vivido y así conseguía atraer), cometí el error de utilizar su presentación sin adaptarla lo suficiente a mi estilo, por lo que a pesar de que sí había preparado la clase (si bien he de decir que *no* lo suficiente), tuve que leer mucho.

Por otra parte, no conocía suficientemente el tema y no siendo éste *santo de mi devoción*, no despertaba en mí pasión alguna. Puedes imaginarte que el resultado no fue, ni de lejos, el que yo habría deseado ni mis alumnos merecían (si bien éstos tampoco se quejaron. ¡Qué buena gente!).

Con el paso de los años, más formación, muchas horas de preparación a cuestas, un elevado número de conferencias impartidas (con resultados diversos, no creas) y la mucha paciencia y generosidad de quienes me atendían, fui poco a poco mejorando (si bien aún me queda mucho que perfeccionar).

A fecha de hoy, continuo todavía en proceso de mejora, porque ya sabes, querido lector, que nunca dejamos de aprender ni de formarnos, y sigo intentando emocionarme (procurar *interiorizar* lo que tenga que contar) cada vez que tengo que hablar delante de cualquier grupo de personas (pues todos, sin excepción, merecen nuestro más absoluto cariño y dedicación).

En ese tiempo dedicado a la enseñanza de métodos de comunicación, he tenido el privilegio de formar primero y luego escuchar y leer, las presentaciones de miles (no exagero) de excelentes profesionales en el ejercicio de sus dotes de comunicación, lo que me ha permitido depurar una serie de ayudas a la comunicación, que ahora pongo a tu disposición esperando que puedan serte de utilidad.

Recuerda que en todos los ámbitos de esta vida y más aún en el de la comunicación, siempre se puede mejorar; que si no avanzamos, retrocederemos y que si nos conformamos, nos estancaremos e iremos, irremediablemente, hacia atrás.

Consecuentemente, soy del parecer de que todo comunicador que quiera mejorar como tal necesitaría también forjar su carácter, pues cualquiera que aspire a liderar (entendiendo que mientras que nos dirigimos a cualquier audiencia, ejercemos, en cierto modo, *como líderes de opinión*) precisa cultivar una serie de virtudes que, a lo largo de estas líneas, iré relacionando con las ideas presentadas.

De ahí este libro, que pretende ofrecer unas pautas que, con empeño, dedicación y perseverancia, nos ayuden a mejorar como personas y comunicadores, optimizando para ello la forma en que nos relacionamos con los demás.

Y no sólo me refiero a indicaciones útiles para cuando nos toque hablar en público (que las habrá), sino también para cualquiera otra relación interpersonal, pues todos (yo el primero) tenemos la necesidad de mejorar nuestra capacidad de comunicación, para que cuando nos relacionemos con quienes nos rodeen lo hagamos del mejor modo posible, procurando ser conscientes de lo que los demás esperan de nosotros, de que su tiempo es oro y de que deberíamos ser capaces de exponer nuestros argumentos sólida y eficientemente, sin hacerles perder ese tiempo que no es nuestro y del que, probablemente, ellos no disponen.

¿Pretendo pues que, al finalizar estas líneas, querido lector, seamos ya comunicadores excelentes?

La respuesta es *no*, pero sí dispondrás entonces de nuevas herramientas que te permitirán ser más eficiente en tu forma de relacionarte con los demás y, sinceramente, creo que eso a todos nos puede venir bien.

De hecho, mucha gente tiene pánico a hablar en público porque creen que no lo harán bien, y algunos lo pasan tan mal a la hora de tener que hablar que, en ciertas ocasiones, prefieren no hacerlo y pierden, cuando menos, una excelente oportunidad de socializar y de mejorar sus relaciones con los demás. ¡Puedes hacerlo!

¿No te ha ocurrido nunca que bajando o subiendo en el ascensor de tu finca, de repente se abre la puerta y entra un vecino a quien no conocías?

Entonces te das cuenta de que aún quedan (por poner un número) quince pisos más que compartir con ese extraño y miras al suelo, al techo, compruebas tus uñas (que siguen perfectas), los cordones de tus zapatos (que no se han movido)... Y, entonces, caes en la cuenta de que hace un precioso día e inicias una insulsa conversación sobre la llegada de la primavera. ¿O eres de los que prefieren esperar pacientemente hasta que las puertas se abran, salga la otra persona... y así ya no tener que hablar?

Si nos cuesta tanto hablar con un extraño sobre el tiempo, por poner un sencillo ejemplo, ¿cuánto más no nos supondrá hablar de temas más serios delante de todo un auditorio de desconocidos?

Insisto en la idea de que todos, incluso los más retraídos como yo, tenemos la necesidad de relacionarnos, y precisamos para ello saber cómo hacerlo de la mejor forma posible para que, quienes nos escuchen, capten, correctamente y en el menor tiempo posible, el mensaje que queramos transmitirles.

Por estas y otras razones que iré desgranando a lo largo de estas líneas, pretendo concienciarte de que es posible comunicarte mejor de como habitualmente lo haces, de forma tal que, sea quien fuere el que te escuchare, captase, sin margen de error, lo que hubieses querido transmitir.

Pero no creas que con sólo leer estas líneas serás ya capaz de poder hablar eficientemente de cualquier tema (algo al alcance de muy pocos), si bien te garantizo que dispondrás entonces de los *mimbres* necesarios para, con perseverancia, dedicación y práctica (¡mucha práctica!), poderte comunicar mejor que antes.

La excelencia, si te empeñamos de verdad en ello, la conseguirás a base de mucha preparación y... cómo no, más práctica.

Esto es lo que, esencialmente, me ha impulsado a poner por escrito (ya veremos si con éxito o no, pues eso, querido lector, dependerá de tu opinión al acabar de leer estas líneas), lo que en tantos años de enseñanza he procurado transmitir, si bien reconozco que no siempre con el acierto que hubiera deseado y merecían quienes me escuchaban.

Espero y deseo, de verdad, que la lectura de estas líneas te anime a marcarte objetivos de mejora en tu formación como comunicador y que, conforme vayas haciéndolo, te conciencies de que (casi) todo es posible para quien cree, se esfuerza... y practica.

Capítulo 1

Virtudes

¿Por qué afirmo que para mejorar la forma en que nos comunicamos no sólo basta con la imprescindible formación y práctica, sino que también es necesario contar con ciertas virtudes?

Porque estoy completamente convencido de que para llegar a ser un buen comunicador no es suficiente con conocer la teoría y aplicarla sin más, sino que, como el objetivo esencial de cualquier comunicación es siempre trasladar unas ideas a quienes nos escuchen con la intención de convencerles o persuadirles de la bondad de las mismas, deberíamos luchar con todo nuestro empeño por convertirnos en personas comprometidas con eso que transmitamos, para así demostrar al hacerlo una total coherencia entre nuestras palabras y nuestros hechos.

Es decir, que siempre deberíamos procurar que lo que digamos coincida plenamente con lo que nuestra conducta refleje[1].

---

1. Aquí se aplica perfectamente ese conocido refrán que dice: "Obras son amores y no buenas razones", así como aquel otro dicho sajón *(Actions speak louder than words),* que podría traducirse libremente como: "Nuestros actos indican más de nosotros, que lo que meramente decimos".

Por tanto, la cualificación necesaria para mejorar nuestra forma de comunicarnos no debería consistir, exclusivamente, en aprender unas técnicas o consejos para saber transmitir un discurso cualquiera, sino que para formarnos bien como futuros comunicadores necesitamos también fortalecer nuestro carácter, lo que necesariamente pasa por hacer que nuestras virtudes (esas que todos poseemos, aunque sea latentemente) constituyan los pilares del mismo.

¡Cada día trae sus propias dificultades!

Las virtudes asientan nuestra personalidad y nos estabilizan y trasmiten el necesario equilibrio, haciéndonos capaces de salir de nosotros mismos, y de ese egocentrismo que todos tenemos (algunos, como en mi caso, lamentablemente muy elevado), dirigiendo el foco de nuestros intereses hacia quienes realmente nos deben importar: los demás, nuestros interlocutores. Es decir, cada día deberíamos centrar nuestra lucha en enterrar nuestro ego un poquito más, *apagándonos* un tanto nosotros, para dejar que quienes nos rodeen muestren su *luz*.

Y, para *llegar* a las personas (para comunicarnos bien), no olvidemos que "las razones del corazón siempre abren puertas con mayor facilidad", que las argumentaciones frías o distantes.

Se trata, pues, no sólo de hablar con fundamento, que puede conseguirse con preparación (de la que, por supuesto, hablaremos largo y tendido), sino de hacerlo, sobre todo, *con corazón y ejemplo*, que es lo que más llega... y convence.

Por otra parte, la auténtica empatía[2], esa virtud social tan en boga hoy día y que debería ser uno de los pilares esenciales para cualquier buen comunicador (porque no olvidemos que uno de nuestros objetivos fundamentales como oradores radica en hacer lo posible por satisfacer las necesidades de quienes nos escuchen), debería empujarnos a que cualquiera de nuestros discursos refleje siempre lo que pensemos, luchando por evitar que nuestras palabras enmascaren conductas simuladas o artificiales, que sólo persigan alcanzar nuestros propios intereses (sin importarnos cómo los consigamos, ni lo que para ello tengamos que decir... aún a riesgo de perjudicar así a quienes nos escuchen).

Por tanto, si de verdad quieres *llegar* a quienes te escuchen (uno de los objetivos fundamentales de cualquier comunicador), deberías procurar saber lo máximo de ellos, acomodando siempre el sentido de tus palabras a lo que realmente creas que tu audiencia precisa y necesita.

---

2. Diccionario de la RAE: A partir del gr. ἐμπάθεια *empátheia*.
  1. f. Sentimiento de identificación con algo o alguien.
  2. f. Capacidad de identificarse con alguien y compartir sus sentimientos.

La misma charla dirigida a estudiantes o a niños, por poner un sencillo ejemplo, tiene forzosamente que cambiar, puesto que la capacidad de comprensión de los niños y de los estudiantes es bien distinta.

Si queremos llegar a los demás, si quieres ser empático, tienes primero que esforzarte por comprenderles, y para eso deberías interesarte realmente por lo que ellos sientan... y necesiten. Comunicar a secas es sencillo... ¡lo difícil es ser sencillo! Quizás, al menos en mi caso, lo más difícil de formar sea la humildad. Muchos creemos, erróneamente, que somos mejores que los demás y que, al menos, podemos hacer, tan bien o incluso mejor, lo que ellos hacen.

De ahí la dificultad de fomentar la humildad, esa virtud que considero imprescindible adquirir y mantener en quien quiera llegar a ser un buen comunicador.

Puesto que, como he indicado, las razones del corazón abren más puertas que las de la razón, es importante que todo buen comunicador nunca pierda la paz (por muchos *nubarrones* que veamos en lontananza).

¿Cómo se logra esto? Si tuviera una receta infalible y perdurable... la patentaría.

Como bien sabes, cada día trae su propio afán[3] y las preocupaciones cotidianas hacen que, generalmente, nos cueste centrarnos y ser capaces de salir completamente de nuestro pequeño mundo. De ahí que, si queremos mejorar nuestra capacidad de comunicación, mientras hablemos o escribamos deberíamos luchar por apartar lo que nos preocupe, temporalmente al menos, para centrarnos exclusivamente en nuestra charla o escrito.

---

3. Mt 6, 34: "Por tanto, no os agobiéis por el mañana, porque el mañana traerá su propio agobio. A cada día le basta su propio afán".

Fácil de decir, pero complicado de aplicar (lo sé, y puedo dar fe de ello).

¡Cada día trae sus propias dificultades!

No creas que ninguno de esos magníficos oradores de los que hemos oído hablar está libre de preocupaciones, pues cada cual lleva su propia cruz, y eso es algo que no cambiará.

Sí, sé que muchas veces nos parece que las nuestras son siempre las más pesadas y que las del vecino son más llevaderas[4], pero,

4. "*The grass is always greener on the other side*". El significado de este proverbio sajón va más allá de lo que refleja su simple traducción al español ("la hierba es siempre más verde en casa del vecino"). Se emplea para dar a entender que, tanto las cosas que otras personas tienen como las situaciones que viven,

créeme, mejor no querer cambiarte por nadie, porque no sabemos si seríamos capaces de cargar con lo que el otro o la otra llevan.

Esos excelentes comunicadores que todos conocemos tampoco están libres de preocupaciones, pero lo que hacen al colocarse frente a cualquier audiencia es procurar apartar lo que les preocupe (temporalmente al menos), armarse con su mejor sonrisa e intentar que (no sin esfuerzo, por experiencia te lo digo) durante todo el tiempo que se prolongue su disertación, lo único que les importe sea su charla y, por supuesto, cómo intentar con ella dar respuesta a las previsibles necesidades de sus interlocutores.

Seguro que, como yo, conoces a gente que, entre sus virtudes (esas que todos tenemos, si bien no siempre son las que quisiéramos, ni las poseemos en el grado que desearíamos) cuentan con las de ser unos magníficos comunicadores y nos hacen creer que nunca seremos capaces de acercarnos a lo que ellos, sin aparente esfuerzo, consiguen.

Permíteme compartir contigo mi parecer de que nadie nace aprendido: toda virtud, todo don, necesita de práctica y la excelencia no viene en los genes, sino que hay que desarrollarla y eso siempre requiere tesón, esfuerzo y práctica… mucha práctica.

Consecuentemente, no te desanimes jamás, pues como dije al inicio de estas líneas, (casi) todo es posible para el que cree y se esfuerza.

Nos ayudará recordar que algunos de los mejores oradores de la Historia (véase el caso de Demóstenes[5]) no estaban naturalmen-

nos parecen siempre mejores y más interesantes que las propias, cuando, en realidad, puedes estar seguro de que no siempre es así.

5. Demóstenes (Atenas, 384 a.C. - Calauria, Grecia, 322 a.C.) Político y orador ateniense considerado el mejor orador de la antigua Grecia. Según biografía escrita por Plutarco, su admiración e interés por la oratoria se habría despertado cuando su pedagogo lo introdujo clandestinamente en la Asamblea, donde fue testigo de una brillantísima autodefensa del estadista Calístrato. Su-

te dotados para la oratoria, pero con una férrea voluntad, mucha perseverancia y más práctica, consiguieron hacerlo... y de forma sobresaliente.

Conclusión: el más común de los mortales, incluso en mi caso, puede también aprender a comunicarse cada vez mejor con preparación (teórica y moral o ética) y práctica, que serán ideas sobre las que, una y otra vez, insistiré.

Por tanto, querido lector, reitero que con la puesta en práctica de estos consejos podrás mejorar tus relaciones en el ámbito personal (la confianza que irás ganando te aportará seguridad y eso, sin duda, mejorará tu estado de ánimo), familiar (siempre será gratificante poder mejorar la forma en eres capaz de comunicarte con los tuyos) e incluso profesional (conforme vayas mejorando la capacidad de comunicación, aumentará tu autoestima, disfrutarás más de tu trabajo, e incluso te ayudará a promocionarte en el mismo).

Y, supongo que quizás te surja la duda de: ¿Cómo fomento esas virtudes, o dones? Pues para ello debes empeñarte realmente en acometer la repetición de actos buenos[6], que serán los que fortalezcan en ti esas virtudes o dones (siendo constante en ello, es decir, perseverante).

¿Necesitarás siempre muchas virtudes a la hora de comunicarte, o debes esforzarte más en unas u otras, en función del tipo de disertación de que se trate? ¡Interesante cuestión!

Lo ideal, puesto que hablamos de mejorar como personas y como comunicadores, es que procures alcanzar y mantener el mayor número posible de ellas (no olvides que, como he indicado, las

---

peró con esfuerzo sus dificultades (tartamudez) para la oratoria por medio de ejercicios de declamación y, **gracias a su empeño**, consiguió ser reconocido como un magnífico orador.

6. Si alguien, por ejemplo, quiere ser ordenado, debe procurar que todo lo que haga, en todo momento, esté enfocado a la adquisición de esa virtud, pues de lo contrario no la alcanzará.

virtudes se adquieren a través de la prolongada repetición de actos buenos), pues si, como más adelante se explica en detalle, el objetivo primordial de cualquier comunicación es persuadir a nuestro interlocutor, ¿qué mejor apoyo para ello que quien te escuche vea en ti una persona completa, virtuosa? Y no creas que esto de las virtudes es algo raro, o sólo para católicos.

Todos, creyentes o no, poseemos ciertas virtudes, o dones, aunque quizás un tanto olvidadas, y, frecuentemente, al menos en mi caso, poco cultivadas.

¿Cuáles son esas virtudes o dones que deberías practicar si aspiras a mejorar como comunicador?

Tanto si te consideras creyente como si no (aunque desde mi punto de vista, todos creemos en Alguien o en algo), si quieres obtener los resultados buscados a la hora de embarcarte en cualquier actividad (y más aún en ésta de mejorar como comunicador), necesitarás creer de verdad en lo que vayas a hacer, que en eso consiste la fe.

Ganarte la confianza de tus interlocutores no será tarea fácil, y mantenerla aún te costará más. De hecho, si la pierdes, no en todos los casos podrás recuperarla totalmente, por lo que debes empeñarte en que todo en tu proceder sea, siempre, irreprochable.

Es decir, cualquiera que aspire a convertirse un buen comunicador debería procurar, en todo momento, ser alguien que fuera digno de ser seguido (pese a nuestros defectos, esos que todos tenemos, aunque no siempre nos guste reconocerlo). De ahí la importancia de luchar por adquirir y mantener unas profundas convicciones morales (o éticas, si así lo prefieres).

Virtudes hay muchas y no es cuestión de elegir tan sólo unas y desdeñar el resto, pues todas son importantes.

Quien es persona digna de confianza, es, por asimilación, virtuoso, y esa virtud no se compone sólo de una cualidad específica, sino de todo un conjunto de ellas (esa valía moral de la que hablábamos), que son las que deberías intentar que adornasen tu carácter.

Por eso, considero que cualquier buen comunicador debería *luchar* por conseguir y mantener su valía moral en todos los momentos y circunstancias de su vida[7], pero especialmente al relacionarse con los demás, interesándose realmente por atender sus necesidades, pues no concibo un buen comunicador cuya actuación no esté, siempre, enfocada a procurar conseguir lo mejor para sus interlocutores.

La *Fe*[8], primera de las virtudes teologales, consiste, como ya se ha avanzado, en creer, pues todos, católicos o no, creemos a nuestra manera (cada cual, por supuesto, en lo que le parece más oportuno).

Esta virtud, esencial para todo comunicador, confiere esa necesaria confianza que te ayudará, con perseverancia (la siguiente virtud de la que hablaremos), a poder llevar a cabo (casi) todo lo que te propongas.

¡Si crees, si confías en tus posibilidades (créeme, tú lo vales), todo estará a tu alcance!

Si ya crees en ellas, tienes gran parte del camino andado, pero necesitarás también fomentar y practicar otra virtud esencial, la *Perseverancia*[9], que sin estar catalogada como Cardinal, considero no sólo esencial para ayudarte a ser mejor comunicador, sino también de mucha utilidad en otros múltiples ámbitos de tu día a día.

7. Que todo el que te trate pueda decir de ti: "ésta es una persona que dice lo que piensa, y hace lo que dice".
8. Catecismo de la Iglesia Católica: "Creer es un acto humano, consciente y libre, que corresponde a la dignidad de la persona humana" (por tanto, no sólo para católicos, sino para todo ser humano).
9. Diccionario de la RAE. 1. f. Acción y efecto de perseverar, cuyos sinónimos son constancia, tenacidad, empeño, firmeza, tesón, persistencia, pertinacia, insistencia.

Cada vez que te propongas involucrarte en cualquier tarea o proyecto, puedes estar seguro de que, si no te aplicas a ello con toda tu voluntad, no conseguirás alcanzar los mejores resultados. Ser perseverante, por tanto, no sólo te ayudará a ser mejor comunicador sino que, además, te reportará muchos otros beneficios en tu vida cotidiana (podría decirse que la perseverancia es una virtud multi-tarea).

La *Prudencia* te ayudará a discernir qué debes transmitir a tus interlocutores, en función de lo que creas que sería más beneficioso para ellos (siempre tu primer objetivo).

¡Qué difícil es ser prudente!, pues consiste en poseer el don de callar y hablar o actuar sólo cuando sea necesario (y creo que estaremos de acuerdo en que a todos nos cuesta no dar nuestro parecer –nos lo pidan o no–, y también en que nos resulta muy difícil participar en cualquier reunión sin intentar meter *baza*).

El comunicador prudente no va sólo a *"hablar de su libro"* (que también), sino que se ha esforzado por saber qué debería contarles a quienes le escuchasen, en función de las necesidades de ellos, y no exclusivamente de las suyas.

He tenido el privilegio de escuchar a un gran número de excelentes oradores y puedo decirte, con franqueza, que muchos de ellos sólo se han limitado a *"hablar de su libro"*, sin ceñirse a lo que les habían solicitado, ni importarles lo que esperábamos quienes les atendíamos. Lógicamente, no alcanzaron el objetivo de persuadirnos y, por tanto, no consiguieron su propósito final.

La *Justicia*, que aplicada a la comunicación podría definirse como esforzarnos por dar a cada uno lo que le corresponde, es la que posibilita que el comunicador ponga en valor las relaciones interpersonales. Si te dejas guiar por ella, te ayudará a procurar que el objetivo fundamental de tus palabras sean los intereses de tu audiencia que, no lo olvides, variarán siempre de una a otra charla.

La **Fortaleza,** que asegura nuestra firmeza y constancia en la búsqueda del bien, a pesar de las dificultades (que las habrá, ya te lo anticipo), ayuda al comunicador a superar todos los obstáculos con que se encontrará (cuenta con ello desde ahora mismo) para la consecución de los objetivos que se haya propuesto.

La fortaleza será también tu apoyo para, entre otras cosas, no desfallecer en esas necesarias y tediosas (las más de las veces) preparaciones previas a cualquier charla.

Está muy relacionada con la esencial virtud de la perseverancia de la que antes hablamos.

Con la **Templanza,** alcanzaremos ese necesario equilibrio en el empleo de todas las herramientas a nuestra disposición para mantenernos siempre dentro de los límites de la honestidad, sin dejarnos llevar de las pasiones, exclusivamente, cuando comuniquemos.

A este respecto, cabe decir que si bien la pasión[10] es siempre deseable y necesaria a la hora de transmitir ideas, debes tener presente que el discurso, aunque es conveniente que se transmita con toda la pasión de que te veas capaz, siempre lo debe guiar la razón: es decir, *habla con el corazón, dirige con la cabeza.*

La **Confianza,** conferirá también al comunicador la seguridad de que, con esfuerzo, tesón y trabajo, casi todo estará a su alcance. Para fomentarla es necesario, una vez más, que creas realmente en todo lo que digas, y que te convenzas de que, si has preparado bien lo que pretendas transmitir, el resultado será, cuanto menos, aceptable.

Como observarás, la confianza está muy relacionada con la fe, pues si crees desarrollarás tu confianza y con ésta aumentarás tu fe.

---

10. En el ámbito de la comunicación, concibo la pasión como la voluntad de creer y procurar vivir realmente lo que hagamos y digamos.

Respeto es lo que todo buen comunicador debe siempre mostrar hacia quienes le escuchen. Te impulsará a no ofrecer información sin contrastar ni a dar datos engañosos, y te ayudará, en todo momento, a procurar mostrar coherencia entre lo que reflejen tus acciones y lo que indiquen tus palabras.

Si no fomentas la firme disposición de esforzarte por respetar los intereses de quienes te atiendan, nunca serás capaz de ejercer ante ellos como líder de opinión y, por supuesto, tampoco conseguirás alcanzar los objetivos que te hubieras propuesto.

La *Sinceridad* te será imprescindible si quieres persuadir a quienquiera que te escuche. Conseguirás la confianza de quienes te atiendan si, como he indicado anteriormente, procuras ser siempre sincero (creyendo de verdad en todo lo que digas) a la hora de relacionarte con ellos, procurando no ofender a nadie y siendo consecuente con los sentimientos y valores expresados en cada una de tus disertaciones.

La *Paciencia* es otra virtud imprescindible para cualquier comunicador, tanto en la preparación previa (para ser constante, pese al cansancio) como a la hora de relacionarnos (porque ya sabes que todo lo bueno lleva su tiempo, y si anhelas obtener el mejor resultado, es necesario dedicarle a cada etapa el tiempo de calidad necesario, perseverando sin desfallecer).

No olvides, por tanto, que si quieres obtener los resultados que te hayas fijado, no debes dejarte llevar de las prisas que, en este campo de la comunicación, nunca son buenas consejeras.

Por tanto, no desesperes, ni quieras acelerar o saltarte los necesarios e imprescindibles tiempos de preparación, pues sin la ineludible cumplimentación de cada etapa, no podrás alcanzar tus objetivos.

Y, por si echabas en falta alguna otra virtud, permíteme dejar para el final las que, desde mi punto de vista, considero más relevantes, sin menospreciar, por supuesto, a ninguna de las anteriores:

Flexibilidad: cualquier comunicador que quiera mejorar tiene que procurar ser lo suficientemente flexible como para saber adaptarse, rápida y eficientemente, a las circunstancias que, en cada momento, tenga que afrontar.

Algunos la relacionan con la capacidad de improvisación, pero mi parecer es un tanto contrario, pues así como la improvisación[11] es sinónimo de imprevisión, negligencia o descuido, la flexibilidad lo es de amoldamiento o acomodación, que es a lo que deberíamos procurar tender.

Si luchamos por ser flexibles, estaremos más preparados para poder salir airosos de cualquier cambio que se produzca (que los habrá, cuenta con ello).

Para eso, lo mejor es que no descuide ningún detalle de la preparación previa y que durante la misma procure prever cualquier contingencia que pudiera sucederle, y pensar en posibles soluciones a las mismas.

Aun así, es más que posible que te encuentres con situaciones no previstas[12] ante las cuales tendrás que procurar responder con rapidez y eficiencia, que en eso consiste ser flexible.

No obstante, quédate tranquilo: si te has preocupado en hacer la mejor preparación posible, estarás capacitado para afrontar rápida y eficientemente cualquier cambio que se produzca (o al menos la gran mayoría de ellos).

La ***Tolerancia*** será la que te ayude a respetar, aunque no los compartas, los pensamientos, opiniones o creencias de quienes te rodeen.

---

11. Del Diccionario de la RAE. Improvisación f. Acción y efecto de improvisar. Sinónimo de: imprevisión, desapercibimiento, desprevención, desavío, indisposición, negligencia, descuido, desidia, dejadez.

12. Cuenta con ello, ya te lo anticipo, pues como se atribuye al Mariscal de Campo prusiano Helmuth Carl Bernard Von Moltke: "ningún plan, por bueno que sea, resiste su primer contacto con el enemigo".

Recuerda aquello que dije unas líneas atrás: siempre creemos que lo nuestro es más importante que lo de los demás, y que nuestras opiniones son mejores que las de los otros (¡qué confundidos estamos!).

Por eso aconsejo que, si quieres convertirte en mejor comunicador, procures hacer de la tolerancia una más de tus principales virtudes.

Pero no la confundas con apocamiento (cortedad o encogimiento de ánimo) o pusilanimidad (sinónimo de acobardamiento o temor), pues respetar las opiniones de otras personas nunca debería suponer abandonar nuestras propias creencias.

Es más, quienes te escuchen agradecerán ver que quien les habla es alguien que cree profundamente en lo que dice.

Valor: no creas que es fácil plantarse delante de un auditorio repleto de personas. Cuesta las cien primeras veces... pero cuanto más se habla en público, más valor vamos cogiendo.

Además, también está ese otro valor, o coraje moral, que es el que te impulsará a ser *salvajemente* sincero a la hora de transmitir tus ideas.

Convéncete para ello de que tu opinión es tan válida como la de cualquiera y jamás te justifiques por opinar diferente (por supuesto, sin menospreciar las opiniones contrarias).

¿No te ha ocurrido, en ciertas ocasiones, que has dicho lo que sabías que tu interlocutor quería oír y no lo que tú realmente pensabas? A mí sí... y siempre me he sentido mal tras ello.

Por eso, acéptame el consejo: es más importante no traicionar tus convicciones, tus creencias, que quedar bien. Esto te costará, pero tu conciencia (ese *pepito grillo* que nos recuerda qué está bien y qué no y que todos tenemos, creamos o no) no se lo echará en cara y se sentirá mejor, y dormirá más tranquilo, seguro.

Sencillez: ¿conoces a muchos buenos comunicadores sencillos? (no voy a darte mi parecer, *pero haberlos, haylos*). La sencillez nos ayuda a saber comunicarnos con los demás sin ser pretencio-sos.

No olvides que tu objetivo no es que te aplaudan y quedar bien (que ojalá pase muy a menudo, pero no suele ocurrir tanto), sino trasladar a tus interlocutores la información que ellos necesiten y persuadirles acerca de la bondad y oportunidad de tus planteamientos.

Muy relacionada con la... **Humildad**: virtud esencial para todo buen comunicador, que nos permite reconocer nuestros límites (con los que todos contamos, especialmente quienes creemos que no los tenemos) y ser conscientes del alcance real de nuestras capacidades, respetando además a quienes nos escuchen (toda una declaración de intenciones, muy gratificante te lo aseguro, pero nada sencilla de llevar a la práctica).

También nos ayuda a recibir de buen grado las críticas que recibamos (que las habrá, no te quepa duda, porque nunca podremos agradar a todos los que nos escuchen), aprovechándolas en beneficio propio (es decir, para mejorar).

Si luchamos por fomentar la humildad, no centraremos todas nuestras esperanzas tan sólo en recibir el halago ajeno y no nos llevaremos tantas desilusiones, pues ya te aseguro que las más de las veces esas felicitaciones no te las transmitirán.

Intentaré explicarme mejor. Si no te felicitaran por la forma en que al comunicar te expreses en público, eso no siempre significará que lo hubieras hecho mal (lo harás genial en la mayoría de ocasiones, convéncete de ello).

La razón más habitual para que no nos lleguen comentarios positivos reside en que a las personas nos cuesta ensalzar a los demás, o lo que llevan a cabo.

Somos muy reticentes a la hora de reconocer lo bien que otros y otras hacen su trabajo y, unas veces por vergüenza y otras por soberbia (me incluyo en ambas), preferimos callar a felicitarles.

La persona humilde, sin embargo, no necesita del halago. Se siente reconocida sólo con la íntima certeza de saber que ha dado todo lo mejor de sí, sin esperar del reconocimiento público (que, si llega, tampoco deja que le ciegue, pues sabe que siempre puede mejorar).

Y, finalmente, la *Pasión,* que siempre es necesaria al preparar, desarrollar y llevar a cabo cualquier charla (en todas las fases de las mismas). ¡Sin la adecuada dosis de pasión al comunicar, no *contagiarás* y, por supuesto, tampoco convencerás! Ésta nos impulsará a sentir todo lo que digamos, a creer de verdad en lo que estemos transmitiendo, viviendo cada palabra de nuestra charla, y eso nos ayudará, y mucho, en ese afán por convertirnos en mejores comunicadores.

Y, quizás te preguntes: *¿cómo me apasiono?* No conozco una única, ni mágica respuesta a esta oportuna pregunta. Dejé para el final esta virtud tan cotizada y no siempre fácil de conseguir, precisamente por la dificultad que entraña vivirla, pues es en ella donde reside una de las claves principales para que cualquier comunicador sepa convencer y persuadir a su audiencia: en su capacidad de trasladarles un sentimiento, y en la posibilidad de hacerles vibrar y sentirse partícipes de lo que estén escuchando.

Sé que hay temas áridos, excesivamente técnicos o poco dados a que se les apliquen las dosis deseadas de pasión, pero la única forma que conozco para hacerlo es que nos empeñemos seriamente en ello.

Si quieres vivir la pasión, deberías luchar por hacer tuyas todas las ideas que compartirás con quienes te escuchen y procurar que cuando hables o escribas acerca de ellas, te gusten más o menos, se note tu más sincera implicación con las mismas.

Para ello, y aunque me adelante un poco, permíteme incidir en la importancia de que siempre procures que tu tono de voz no sea monótono.

La monotonía es un término que, desde ya, tendríamos que desterrar de nuestro vocabulario, pues siempre es sinónimo de aburrimiento y hastío y eso, créeme, está totalmente reñido con la posibilidad de hacer *calar* tu mensaje en tus interlocutores. Esto te costará más al principio, pero no te quepa duda de que, conforme vaya aumentando el número de las charlas que impartas, tu pasión durante las mismas crecerá sin duda, sea la temática que fuere.

Cuando empecé a impartir la asignatura de métodos de comunicación (hace ya demasiado tiempo) leía más de la cuenta, transmitía poco y, lógicamente, *llegaba* poco. Conforme fui dando más charlas, me fue relativamente más sencillo implicarme con más *pasión* en cada una de ellas: interioricé cada idea, empecé a aplicar gestos a las palabras, introduje más anécdotas, practique la sonrisa y, finalmente, tras muchas charlas y un buen número de años (demasiados creo yo), mejoré un tanto (sigo en ello). Pero ese es un proceso que, con toda seguridad, cualquiera puede llegar a alcanzar en menos tiempo del que a mí me ha costado.

Puede que me haya dejado alguna que otra virtud que también consideres imprescindible (así que, cuando nos veamos, no olvides contármelo, por favor), pero en verdad creo que, si realmente te empeñas por mejorar en la mayoría de éstas, puedes estar seguro de que tu capacidad de comunicación mejorará… y mucho.

Aun así, te ayudará también preguntarte si sabes de muchos comunicadores que tengan todas estas virtudes en grado superlativo. Yo no. Entonces, me dirás, *¿por qué insisto en la necesidad de que todo buen comunicador fomente ciertas virtudes?*

Para contestar, responderé primero a otra cuestión que creo que ayudará a explicarlo mejor: *¿Cuál es el objetivo esencial de cualquier comunicación, es decir, para qué transmitimos cualquier mensaje?* Lo hacemos para trasladar nuestras ideas a quienes nos escuchen e intentar, al menos, convencerles de la idoneidad de las mismas.

Quizás te surja la cuestión de cómo se convence mejor. Mi respuesta es: invariablemente con el ejemplo y con la convicción interna, haciendo que tu discurso sea realmente algo en lo que crees, pues no hay mejor forma de convencer que creer vivamente en lo que digas.

De ahí que fomentar estas virtudes te ayudará a estar cada vez más centrado, al tiempo que mejorarán tu rectitud, integridad y entereza. En cambio, si no practicas unas virtudes mínimas, no generarás confianza, y tu mensaje *no calará* adecuadamente en quienes te atiendan.

Consecuentemente, con esas virtudes (cuantas más, mejor) mejorarás tu capacidad de comunicación, siempre y cuando tengas claro que la práctica de cualquier virtud está totalmente reñida con el acostumbramiento o la rutina.

Es decir, así como para conseguir mantener algo bueno es imprescindible la repetición de actos, es igualmente cierto que, si dejas de hacerlo, si te acostumbras, ese algo bueno (esa virtud, ese don) lo perderás. En resumen, nos haremos mejores comunicadores luchando, sin desfallecer, por intentar ser buenos comunicadores. Y no creas que te convertirás en un buen comunicador sólo por impartir una buena charla (fruto seguramente de una muy buena preparación, y de algo de suerte quizás), sino que deberás seguir luchando por mejorar en la siguiente, y en la otra…

Conclusión: cualquiera que desee convertirse en un buen comunicador necesitará fomentar una constante e interminable lucha por la formación de su carácter (¡nunca dije que esto sería fácil!) unida a la imprescindible preparación teórica y… practicar, practicar… y más practicar.

Pongamos el (¿sencillo?) ejemplo de empeñarnos en adquirir la virtud del orden. Supongamos que nos hemos decidido resueltamente a ponernos a trabajar cada día a la misma hora (te felicito, es un excelente comienzo. Persevera en ello). La primera vez te ayudará a que la segunda cueste un poco menos que esa anterior, y así sucesivamente, pero debes perseverar (todos los días, no sólo unos pocos) en esa determinación de ponerte a trabajar para mantener el hábito del orden, pues, de otro modo, lo perderás.

Las virtudes, querido lector, siempre nos orientarán hacia el bien (mientras que los vicios nos alejan de él), hacia aquello que colme nuestras aspiraciones (llegar a convertirnos en mejores comunicadores, o *líderes de opinión*, en el caso que nos ocupa). Sin embargo, no dejemos que ese buen empeño por madurar en virtudes se convierta en un afán narcisista de perfección, pues el objetivo de cualquier virtud es que nos ayude a luchar por ser mejores por amor a Dios (o en quien creas) y a los demás... no a uno mismo.

Conviene, por tanto, que nos esforcemos en desechar cualquier tendencia al perfeccionismo, que quizá podría surgir si erróneamente planteáramos nuestra lucha tan sólo en criterios de eficacia, precisión o máximo rendimiento (tan en boga hoy día en algunos ámbitos profesionales), sin contar con atender debidamente los intereses de los demás (que es lo que, como futuros buenos comunicadores, siempre debería motivarnos).

No olvidemos, por otra parte, que los perfeccionistas son y serán siempre los eternos insatisfechos, pues nada les llena completamente.

De hecho, conforme vayamos madurando en el proceso de cultivar esas virtudes o dones, se incrementará en nosotros el deseo de actuar bien, siendo por supuesto conscientes de las limitaciones que tenemos y tienen los demás (pues todos, nos guste o no, somos limitados).

Así pues, lo primero que deberíamos fomentar a la hora de comenzar nuestra formación como futuros buenos comunicadores es el reconocimiento de los demás como seres dignos de consideración, poniéndonos en sus circunstancias, que es lo que antes definimos como tener *empatía* y que, como ya se mencionó, todo buen comunicador debería cultivar... y luchar por mantener.

Por eso, si quieres convertirte en mejor comunicador, sería conveniente que:

* Fomentases el **orden** (en todos y cada uno de los momentos de tu día a día).
* Procurases la **finalización cuidada** de cada detalle, pero sin caer en el perfeccionismo (que sólo te generará insatisfacción).
* Intentases ser un **estímulo positivo** para quienes te escuchen (siendo consciente de que las personas negativas no conectan).
* Aplicases **total sinceridad** a la hora de transmitir ideas, pues ésta es rápidamente percibida... y atrae.
* **Rehúyas** caer en **críticas** hacia nadie.
* **Te adecues** a cada situación con la formalidad que ésta requiera.
* **Agradezcas y respetes** las ideas de todas las personas.
* Procures **no caer en la vanidad, ni autocomplacencia.**
* Avives tu predisposición a estar **siempre dispuesto a aprender de los demás** (¡qué importante es reconocer que en toda ocasión puedes aprender de quienes te rodean... y qué difícil es aplicarlo!).

Sí, sé que no parece fácil (y no lo es, de hecho), pero si te esfuerzas y luchas, seguro que mejorarás y no sólo como comunicador, sino también como persona (que es aún más importante).

En otras palabras, si perseveras en ser más humilde cada día (¡cuánto nos cuesta esto!, a mí al menos), mejorarás sensiblemente tu carácter y pasarás a descubrir en los demás, no peldaños u oportunidades, sino personas que necesitan de todo tu apoyo y cariño... y que lo están esperando.

La humildad te conferirá alegría, mientras que la soberbia (que como reza el dicho, "muere un día después de nuestra muerte") sólo aporta inquietud e insatisfacción, porque siempre te hace creer que mereces más que los demás (cuando, al menos en mi caso, no es así), y eso te incapacita para ser feliz.

La soberbia también nos hace desesperar ante la experiencia de nuestras limitaciones (que, al menos en mi caso, son muchas) y nos aparta de los demás, mientras que la humildad, en cambio, nos permite vernos como somos, con defectos y límites sí, pero en vez de hacer que nos sintamos apesadumbrados por ello, nos llena de íntima satisfacción y gozo (como decimos en la Milicia) y nos empuja a pelear, cada día, por mejorar un poquito más.

Por ello, procura siempre exponer tus ideas serenamente; de forma positiva; sin criticar; sin polemizar; ni humillar a nadie; dejando siempre a quienes te escuchen la opción de que, por ellos mismos, caigan en la cuenta de que, además de su propio parecer, hay otros puntos de vista tan válidos, al menos, como los suyos.

Consecuentemente, si luchas por fomentar la humildad[13] (sin olvidar intentarlo también con el resto de virtudes mencionadas, cuantas más mejor), irás moldeando una personalidad que atraerá a los demás[14] y eso, sin duda, mejorará tu capacidad de comunicación (tenlo por seguro) y de liderazgo.

---

13. 1 *Co* 9, 22: "Me he hecho débil con los débiles, para ganar a los débiles; me he hecho todo para todos, para ganar, sea como sea, a algunos".
14. *Rm* 15,1-2: "Nosotros los fuertes debemos sobrellevar las flaquezas de los endebles y no buscar la satisfacción propia. Que cada uno busque agradar al prójimo en lo bueno y para edificación suya".

Capítulo 2

Consejos sobre comunicación oral y escrita

Puesto que hablamos de relacionarnos (que en eso consiste la comunicación), cabe recordar que en toda comunicación hay al menos dos sujetos: quien habla (o escribe) y quien escucha (o nos lee).

Tan importante es saber expresarnos de forma tal que quien nos escuche o nos lea entienda y capte, al menos, la esencia del mensaje que queremos transmitirle, como saber escuchar para conocer lo que nuestro interlocutor o interlocutores requieren... y poder actuar en consecuencia.

La inmediatez que la tecnología imprime al mundo en que nos movemos nos impide, las más de las veces, dedicar el tiempo necesario a todo lo que nos ocupa y preocupa, y consecuencia directa de ello es que cada día nos cuesta más prestarles a quienes nos hablan la atención que se merecen.

De hecho, cuando atendemos a una charla o conferencia, o al participar en una conversación, tenemos tantos otros asuntos a los que atender que nos cuesta centrarnos totalmente en las mismas.

¿No has reparado nunca en esas imágenes, tan frecuentes hoy día, de reuniones de jóvenes (y no tan jóvenes) en torno a una mesa con unas tapas y unas bebidas (o incluso en círculos familiares), en las

*que todos, sin excepción, están atendiendo al móvil en lugar de con-
versar entre ellos, como sería lo habitual?*

Conclusión: ¡cada día nos cuesta más escuchar y sacar tiempo
para poder atender a todo lo que nos interesa!

Consecuentemente, podría deducirse que nos gusta más hablar que escuchar, porque siempre creemos (o eso pensamos, y yo
más frecuentemente de lo deseable) que lo que tenemos que decir
es más importante que lo que el otro, la otra o los otros, tienen que
contarnos.

Además, tendemos a buscar (yo también me incluyo) ser pro-
tagonistas en toda relación, pugnando por disfrutar del turno de
palabra en cada conversación, para poder así tener nuestros *cinco
minutos de gloria.* Más aún, como a todos nos aprieta la soberbia
(y de qué forma), generalmente pensamos que lo nuestro es más
importante que lo que los demás tienen que aportarnos, por lo
que, gradualmente, vamos perdiendo la voluntad de escucharles.

Por eso insisto en la importancia de que procuremos dedicar a
cada persona con la que nos relacionemos el tiempo que ésta pre-
cise (momentos de calidad, es decir sin interrupciones, y con todos
nuestros sentidos puestos en lo que estemos haciendo).

Si tuviéramos que hablar con el marido, la mujer, nuestros familiares, compañeros... no deberíamos tener prisa en que éstos
acabasen de contarnos lo que estén haciendo o les preocupe, ni interrumpirles en medio de su charla sin dejarles terminar (ya sabes,
con frases como *"no sigas, ya veo por dónde vas..."*), ni tampoco
adoptar actitudes defensivas que nos hagan saltar ante el primer
comentario con el que no coincidamos (que seguro los habrá, contemos con ello).

Aprender a escuchar es también una excelente escuela de humildad para cualquier persona, por lo que, si deseamos mejorar
como comunicadores, deberíamos fomentar nuestra voluntad de
escuchar con el debido detenimiento a quienes nos interpelen.

Para alcanzar la humildad, como ya he sugerido anteriormente, hay que dejar morir un poco al yo, a ese ego que a todos nos come (procurando poner el foco de nuestros intereses en los demás, y olvidando los nuestros), y luchar constantemente por ejercitarnos en la paciencia... que ambas virtudes van muy de la mano. Por ello, no te quepa duda de que convertirnos en buenos escuchadores nos ayudará, y mucho, a ser mejores comunicadores.

¡Pasemos a otros asuntos! Para estructurar cualquier tema sobre el que tuviésemos que hablar o escribir, podríamos empezar de lo simple a lo complejo, de lo difícil a lo sencillo, del fin al principio, o del inicio al final. Desde mi punto de vista, lo mejor es, generalmente, comenzar por el principio.

Así pues, convendría empezar por definir, brevemente, los elementos esenciales en toda comunicación:

- el mensaje (lo que se quiere transmitir),
- el emisor o transmisor (quien lo participa),
- el receptor o interlocutor (a quien se dirige),
- el canal (medio físico por el que se transmite) y, finalmente,
- el contexto (entorno donde se lleva a cabo la comunicación).

¡El mensaje es siempre imprescindible, pues si no lo hay, no hay comunicación!

Es decir, partimos de la premisa de que un comunicador no habla, ni escribe, si no tiene nada que transmitir. Si planeamos transmitir algo, trasladar cualquier mensaje, procuremos siempre antes de hablar o escribir, preparar detenidamente en qué consistirá dicho mensaje.

Conclusión: no hables, ni escribas sin antes haberlo preparado bien

La idea de la necesaria e imprescindible preparación será frecuentemente repetida a lo largo de todas estas líneas, porque considero que es uno de los pilares esenciales en que se basa toda comunicación eficiente.

Pilares de la comunicación. Puente Romano. Pollença

Establecido esto, pasemos a definir los diferentes tipos de lenguaje:
- lenguaje verbal (define qué queremos trasladar a nuestro interlocutor, el contenido),
- para-lenguaje (explica cómo pretendemos hacerlo) y, sólo en el caso de la comunicación oral,
- lenguaje no-verbal (refleja lo que nuestros gestos y nuestra actuación transmiten),

y los tres conforman un todo, que debe ser armónico.

¿Todos podemos ser buenos comunicadores? Mi opinión, discutible por supuesto, es que sí: todos podemos serlo, porque sinceramente creo que un buen comunicador no nace, sino que se hace. Lo esencial para ello es (sin olvidarnos de luchar constantemente por adquirir y mantener esas virtudes anteriormente mencionadas): preparación y práctica (y cuanto más de ambas... mejor).

Algunos autores consideran que el 99% del posible éxito en una presentación reside en la adecuada preparación de la misma, y tan sólo el 1% en la improvisación[1] (ya sabemos que no me gusta este término, y que yo prefiero hablar de *flexibilidad*), que muchos estudiosos también consideran como parte de la experiencia y, por tanto, fruto de todas nuestras previas preparaciones.

Así pues, podemos establecer que lo primero que debería hacer cualquiera que pretenda ser buen comunicador es: preparar siempre lo que vaya a decir o escribir.

Y esa preparación va íntimamente ligada con la virtud de la perseverancia, que nos ayudará a empeñarnos en dedicar el tiempo necesario para organizar adecuadamente cualquier charla o presentación que tengamos que impartir, sin importarnos si cuesta más o menos (siempre te costará, lo garantizo, pero cuando te veas cansado y sobrepasado... acuérdate de lo que decía el poeta acerca de la cortedad de nuestro existir: "...al brillar un relámpago nacemos, y aún dura su fulgor cuando morimos, tan corto es el vivir[2]").

Por lo que, si somos perseverantes y no decaemos, esos tiempos que nos parecían interminables pasarán más pronto que tarde, y tendremos gran parte del trabajo hecho. La paciencia todo lo alcanza.

---

1. "El genio se hace con un 1% de talento y un 99% de trabajo". Frase atribuida a Albert Einstein.
2. Gustavo Adolfo Bécquer. *Rimas y Leyendas, Rima nº 69.*

Recientemente, me comentaron acerca de una entrevista que se le hizo al primer español ganador del Tour de Francia, Federico Martín Bahamontes[3], en la que el entrevistador le preguntaba al *Águila de Toledo* en qué pensaba, qué era lo que le animaba en todos esos largos momentos de escapadas sin fin en solitario. Su respuesta nos sirve y mucho: "en la meta", decía.

Esto puede ayudarnos también en la que seguramente sea (al menos para mí) la parte más tediosa de cualquier charla, que es la preparación de la misma.

Cuando te canses de repasar, una y otra vez, lo que tengas que comunicar, *piensa en la meta*, en nuestro objetivo, que no es otro que adquirir la mejor preparación posible para poder trasladar nuestras ideas a quienes nos escuchen o lean.

Eso, sin duda, te ayudará y tranquilizará en todos esos áridos momentos de preparación en solitario, con la confianza de que quien trabaja duro obtiene los mejores resultados, si bien, como en todo en esta vida, siempre cabe posibilidad de mejora (nunca te conformes con mediocridades, ni con lo primero que te salga al paso para salir adelante, porque lo nuestro no es ser conformistas, ni vulgares: buscamos la excelencia en cada tarea que hagamos).

¿Puedo entonces confirmarte que con perseverancia triunfarás en todas tus presentaciones?

Para responderte, déjame primero que intente definir lo que, desde mi punto de vista, considero como triunfar:

- Triunfar en una disertación podríamos definirlo como:
  o *Comunicar* exactamente lo previsto,

---

3. Alejandro Martín Bahamontes, conocido como el "Águila de Toledo", nació el 9 de julio de 1928 en Val de Santo Domingo, si bien desde temprana edad vivió en Toledo. Su tío Federico se empeñó y consiguió que todo el mundo le llamara como a él. Bahamontes es el decano y primero de todos los vencedores españoles del Tour de Francia.

o *Ajustarnos* al tiempo concedido,

o *Explicar* nuestras ideas de la mejor forma posible (siempre se puede mejorar en este punto, no te quepa duda) y,

o *Alcanzar* (al menos en parte) los objetivos que te habías marcado previamente (recuerda que tus objetivos, realistas y alcanzables, no debes centrarlos en que el público te aclame –que ojalá así fuera, pero que no es lo más importante–, sino en que tu mensaje les haya calado y, al menos, convencido).

¿Hay grados de éxito? Claro que sí. Éste podríamos medirlo, esencialmente, en función del número de charlas que se han impartido.

Así, para un orador novel podría considerarse un éxito, parcial al menos, exponer todo lo que hubiera preparado en el tiempo que le concedían, pues habría que comprobar si ha conseguido transmitir adecuadamente el mensaje, y si ha logrado *mover* la voluntad de quienes le escuchan.

Cuantas más charlas impartimos, el éxito nos saldrá más caro, pues ya no sólo deberíamos conformarnos con dar lo previsto en el tiempo disponible, sino que también tendríamos que haber alcanzado, parcial o totalmente, los objetivos que nos propusimos.

Pero, acéptame un consejo: no centres tus objetivos en el término *triunfo*, que es un tanto discutible, puesto que éste para unos residiría en ser capaces de salir a un estrado y hablar ante cientos de personas, sin muchos fallos y logrando mantener la atención, mientras que, con eso tan sólo, a otros muchos no les bastaría.

Además, lo que consideramos como triunfo o fama, es un concepto tan etéreo que, como las estrellas fugaces, brilla un instante y después se apaga.

La fama, por tanto, es volátil y tras conseguirla hay que pelear por mantenerla. De ahí mi insistencia en que procuremos ser siempre perseverantes, y que no nos conformemos con vivir de triunfos pasados.

Así pues, lo que realmente debería importarnos es haber sido capaces de transmitir adecuadamente nuestras ideas y haber convencido (mejor aún persuadido, si fuera posible) a la mayoría de nuestros interlocutores, en todas y cada una de nuestras presentaciones.

Ahora sí puedo responder a tu anterior pregunta de si con perseverancia triunfarás en todas tus presentaciones: ¡Sí! ¡Si eres perseverante, seguro que mejorarás como comunicador!

¿Y los fracasos (que los habrá)? Todos nos equivocamos al hablar, y cuanto más hablamos, más lo hacemos. Esto no es una opinión, sino un hecho contrastado.

Piensa, por poner sólo un ejemplo, en cualquier presentador de radio, televisión u otro medio. La mayoría de ellos son gente experimentada, con muchas horas de charlas y presentaciones a cuestas.

Pues ellos se confunden, y mucho más cuando no han preparado la noticia o el discurso, y ya no hablemos de si tienen que improvisar o entran en directo cuando no estaba previsto.

La mayoría de comentaristas suelen leer su mensaje (y pese a ello cometen errores) e incurren aún en más fallos cuando tienen que improvisar.

Conclusión: cuanto más hablemos, más posibilidades tendremos de confundirnos

Por este motivo, procuremos limitar nuestras palabras a las justas y necesarias para que quienes nos escuchen capten adecuadamente el mensaje. Todo lo que pase de eso, puede hacernos cometer errores (esto es también un hecho, no una opinión).

¿Quiero con esto decir que la improvisación no es aconsejable? Sí, exactamente. Pero, quisiera distinguir entre improvisación y capacidad de adaptación a los cambios (que antes cité como *flexibilidad*). Por ello, aunque no recomiende apoyarnos en la improvisación, sí estoy totalmente a favor de prepararnos de la mejor forma a nuestro alcance para poder adaptarnos a cualquier posible cambio de situación, como que cambie la audiencia a quien nos dirigimos (ya sabemos que la misma charla, dirigida a grupos de personas diferentes, necesariamente, debe cambiarse), el entorno (no es igual impartir una charla en un auditorio, al aire libre, o en una clase...) o el contexto (si éste varía, nuestra charla también debe hacerlo).

Es decir, cualquiera que quiera llegar a ser un buen orador debería ejercitar su capacidad de anticipación para poder adaptarse, rápida y eficientemente, a los cambios que se presenten (que los habrá, estemos seguros de ello).

Hay muchos casos de líderes democráticos que con sus discursos supieron ganarse a sus seguidores y alcanzaron el poder (que aun no siendo el objetivo principal de un comunicador, sí nos sirve como ejemplo). Esos líderes triunfaron debido a que supieron entender las necesidades temporales de quienes les seguían y acomodaron sus discursos para intentar resolverlas.

Pero, cambiaron sus seguidores, cambió la situación y lo hizo el contexto, y los que no supieron adaptarse a esos cambios, no conectaron nuevamente con dichos seguidores y éstos les retiraron el apoyo.

De ahí la importancia de procurar saber siempre qué espera de nosotros la audiencia que nos toque en cada momento, y adaptarnos a ello de la mejor y más eficiente forma.

Ya he comentado que no es igual hablar ante un público heterogéneo, que ante expertos, estudiantes o amigos, pues los mensajes que se transmitan tienen que adaptarse a lo que cada grupo espera escuchar y... sea capaz de comprender.

Es decir, un buen comunicador tiene que saber interpretar cuáles son las necesidades de su audiencia en cada momento y adecuar su discurso en función de las mismas.

Lo que nos lleva otra vez a la idea de que cada charla debería ser preparada como si fuera nueva (que de hecho lo son, pues todo cambia y más en estos tiempos en los que la tecnología avanza a ritmos antes impensables), e insistir en la idea de que para hacerlo adecuadamente nunca deberíamos conformarnos con hacer lo mínimo para cubrir el expediente.

¡Recuerda que tu objetivo principal es persuadir y que para ello necesitarás hacer uso de todas las herramientas a tu disposición... y la conformidad no es precisamente una de ellas!

Consejos prácticos:

• No utilices la misma presentación más de una vez, actualízala siempre.

• No emplees presentaciones que no hayas preparado ni revisado previamente.

• Imprime tu toque personal a cada una de tus presentaciones y escritos.

• Adáptate para reaccionar rápida y eficientemente ante cualquier posible cambio, si quieres obtener los mejores resultados en sus presentaciones.

Pasos a seguir a la hora de preparar cualquier intervención oral, o un escrito:

1. *Saber a QUIÉN hablarás o a quién se dirige el escrito.*

No, querido lector, no he confundido el orden, pues antes de preparar el tema sobre el tuvieses que hablar, deberías conocer a quién o a quienes te vas a dirigir.

Ya se ha comentado que no es igual dirigirnos a técnicos o expertos, que a otras personas que no tengan amplios conocimientos sobre el tema en cuestión.

Por ello, como norma general, acéptame el consejo de que es mejor una charla o un escrito generalista, que otros excesivamente técnicos.

Y siempre es preferible que quienes nos escuchen o lean se queden con ganas de más profundidad, a que los abrumemos con excesiva y cualificada información. Nuestros interlocutores o lectores agradecerán que les hayamos comunicado lo esencial, y si quieren información adicional... ya nos la demandarán.

2. *Definir claramente QUÉ queremos comunicar.*

Este segundo paso es imprescindible, pues nos ayudará a estructurar el contenido de las presentaciones y escritos tanto en función de nuestro conocimiento del tema en cuestión[4], como del que tenga de la audiencia que los va a recibir, del tiempo (o del espacio en que transcribirlo) que nos hayan concedido, y del contexto en que se desarrolle.

---

4. Como consejo: nunca es bueno querer aparentar, pretender ser más experto o técnico de lo que uno es, porque cuando pretendemos ser lo que no somos, siempre nos confundimos y, más pronto que tarde, cometeremos errores que nos delatarán.

A la hora de fijar la amplitud y variedad de ideas que pretendamos transmitir, es importante que seamos conscientes de que no podemos contarles todo lo que sabemos en un tiempo o espacio limitados, por lo que deberíamos ceñirnos a preparar sólo lo justo y necesario (lo más significativo del tema que se trate) que nos posibilite la consecución de los fines que hayamos determinado.

3. Fijar claramente los objetivos que esperamos alcanzar.

Estos deben ser medibles y asequibles (no pretendamos que siempre que nos dirijamos a una persona o a un grupo, éstos nos entiendan a la perfección, los convenzamos, les motivemos y persuadamos y, además, nos feliciten efusivamente, porque ya te aviso que eso, generalmente, no sucederá).

Desde mi punto de vista, podemos clasificar en cuatro los **objetivos de cualquier comunicación** (tanto oral como escrita):

- **Informar**: siempre imprescindible, porque si no tenemos algo que comunicar, si no se sabe de qué hablaremos o escribiremos, es mejor no hacerlo[5].

- **Entretener:** deseable para facilitar la captación del mensaje a transmitir y para hacer que nuestros planteamientos sean más atractivos y que quienes nos escuchen o lean estén, así, más predispuestos a aceptarlos.

- **Convencer**: objetivo secundario, si no se consigue el siguiente. Convencer lo concibo como que quien nos escu-

---

5. "Somos dueños de nuestros silencios y esclavos de nuestras palabras". Atribuida a Aristóteles, con esta frase quiso dar a entender que todos somos capaces de decidir cuándo guardar silencio y cuándo no, siendo responsables de cada una de las palabras que digamos, que una vez dichas, ahí quedarán.

cha ha entendido nuestros planteamientos e incluso los comparte, si bien no hemos conseguido mover su voluntad y hacerle que cambie los suyos propios.

• **Persuadir**: objetivo primario, pero sin duda el más difícil de alcanzar, puesto que supone que quien nos escuche no sólo entiende y comparte nuestro modo de pensar, sino que además está dispuesto a hacer suyos nuestros planteamientos, abandonando las ideas previas que tuviera al respecto.

Consecuentemente, todo buen comunicador debería siempre informar, a ser posible entreteniendo, y procurar persuadir. Si esto último no le fuera posible, al menos convencer.

¡Toda una declaración de intenciones que, ya te anticipo, no es nada fácil de lograr!

Paso a paso: primero informar

Tanto en las relaciones interpersonales, es decir en charlas entre familiares, amigos o conocidos, como en las presentaciones orales ante grupos de personas (no importa de cuántos se trate, pues igualmente hay que prepararse para hablar ante pocas personas, que frente a grandes grupos) se habla para transmitir ideas, es decir con el objetivo de informar de algo de interés para quienes nos escuchen.

De lo contrario, sólo serían charlas informales sin nada que aportar, y aquí hablamos de comunicación, no de parloteo sin sentido.

Para informar, para transmitir ideas, es necesario que, previamente, el comunicador se haya informado lo mejor posible de lo que vaya a tratar.

Nuestra comunicación no será todo lo eficiente que debería, si no se apoya en un sólido prestigio profesional. De ahí la obligación moral de cualquier comunicador de poner todos los medios a su alcance para mejorar su formación científica y didáctica.

Las más de las veces deberemos hablar sobre temas que conocemos y que, seguramente, nos apasionen, en cuyo caso, nos será más fácil la preparación.

Sin embargo, habrá otras ocasiones en las que tendremos que hablar sobre temas de los que apenas conozcamos nada (en esos casos deberemos entonces estudiar más a fondo todos los posibles enfoques), e incluso pudiera tocarte defender planteamientos con los que no estés de acuerdo.

Esto último... mejor que no te pase, pues muy probablemente te faltará pasión, pero, si ese fuera el caso, con dedicación y perseverancia, lo sacarás adelante también, aunque, sin duda alguna, con mucho más esfuerzo.

¿Cuál es mi consejo? ¡Sea el tema que fuere (incluso aunque no compartas las ideas que te toque defender), apasiónate con él! La pasión es contagiosa y si consigues hacer vibrar a quienes te escuchen, tendrás gran parte del trabajo hecho.

Con esto no quiero decir que sólo deberíamos hablar de temas que nos apasionen, sino que lo que pretendo transmitir es que esa sería la situación ideal, pero en algunas ocasiones puede que nos toque representar ante el público. ¿Quiero con esto decir que hay que fingir que algo me gusta para que la audiencia me *compre* el producto? Pues... sí, pero procuraré explicarlo mejor.

Cada vez que hablamos en público somos, en cierto modo, como actores o actrices que representan un papel (¿o realmente crees que, por ejemplo, muchos de los que defienden ideas en una tribuna o en un escenario comparten, en verdad, todo el planteamiento que les ha sido impuesto por sus jefes o directores?).

Y ya sabemos que una buena actriz o un buen actor logran convencernos de que lo que escenifican en pantalla es ciertamente lo que piensan, cuando la realidad es que, muy probablemente, antes de salir a escena no conocieran más del papel que representan que quienes les atendemos. Pero, se han *metido en la piel* del personaje y nos hacen creer que piensan así.

Con esto no quiero decir que tengamos que *actuar*, sino que debemos meternos en el papel que nos haya tocado representar, procurando hacer nuestras las ideas que planteemos, porque cuando alguien habla de lo que *siente*, llega más y convence mejor. Por ejemplo, supongamos que me tocara hablar de un equipo de fútbol que no es el mío. Esto me sería mucho más difícil que charlar sobre el Atleti, en cuyo caso la pasión estaría garantizada y el resultado, seguramente, sería mucho mejor (si bien quizás no para todos).

Y para ello (una vez más) tienes forzosamente que prepararte y ensayar, con perseverancia, hasta que realmente sientas como tuyas las ideas que vayas a transmitir (cada vez te costará menos, puedes estar seguro de ello).

Segundo: entretener

Recuerda que, pese a que éste no es nuestro objetivo primario, qué duda cabe que, si nuestra charla es amena, será más fácil que quienes nos escuchen se sientan inclinados a aceptar nuestras propuestas.

El riesgo estriba en que quisiésemos hacer del entretenimiento el objetivo principal de nuestras presentaciones, con la falsa creencia de que, si hacemos pasar un buen rato a nuestra audiencia, quedaríamos nosotros bien y ellos se irían felices.

Ten siempre presente que tu intención principal debe ser trasladar un mensaje para persuadir a quienes te escuchen (o al menos a la mayor parte posible de ellos).

No obstante, si además te ves capaz de hacer que quienes te escuchen pasen unos momentos agradables, mejor, pero no te centres exclusivamente en alegrarles el rato, porque en ese caso no conseguirás tu objetivo primario.

Bien, ¿y cómo puedes amenizar tus charlas? La respuesta no es sencilla, pues la amenidad tiene sus grados, pero espero que estas ideas te ayuden un tanto:

- Procura ser natural. Sé tú mismo. Cuando uno habla o escribe como suele, es más fácil que quien le escuche o lea sienta cercanía, que es otra forma de atraer la atención de nuestros interlocutores. Las poses forzadas, las rigideces, el lenguaje rebuscado... nos alejan de quien nos escucha o lee. En cambio, la naturalidad siempre atrae.

- *Salpica* tus charlas con anécdotas al caso. A ser posible que sean personales o familiares (eso ayuda a romper la barrera de la distancia entre comunicador y oyente y, puesto que son tuyas, no serán muy conocidas, por lo que probablemente despertarán más interés que las que ya hayan oído o leído).

- Interésate por la comodidad de tus oyentes. Hazles, en la medida de lo posible, partícipes de tu charla. Pregúntales a lo largo de la misma si están captando las ideas transmitidas, si creen que vas demasiado rápido o lento, si opinan que estás dándoles demasiada información...

- Reitérales que acabarás en el tiempo previsto (para tranquilizarles, que eso seguro lo agradecerán).

- Evita dar demasiada profundidad a tus charlas. Que cualquiera que te escuche (sin importar su grado de formación) sea capaz de comprender, al menos en esencia, el mensaje que pretendas transmitir.

- Apóyate en contenidos audiovisuales atrayentes (en función de la temática de cada charla) que refuercen tus palabras. Alternar cifras, datos y teorías con fotografías relacionadas y con vídeos explicativos es, por ejemplo, otra buena forma de hacer que el contenido se *grabe* mejor y de alegrar a quien te escuche o lea.

• Utiliza al máximo posible el lenguaje no verbal. No olvides que lo que tu cuerpo y tus gestos transmiten supone casi un 70% de lo que tus oyentes captan de nuestros mensajes, por lo que, si tu puesta en escena de la comunicación no verbal es buena, eso facilitará la mejor captación de tus mensajes y el acercamiento a tu audiencia, lo que, por supuesto, te permitirá comunicar más y mejor.

• ¿Y los chistes? Yo no soy partidario de ellos por varias razones:

o No todos tenemos la gracia necesaria para contarlos (yo al menos no la tengo), y lo que a nosotros nos parece muy gracioso al oírnos en privado, puede que al contarlo ante otras personas no lo sea tanto.

o Pueden herir la sensibilidad de algún oyente.

o Pudieran no tener el efecto que esperásemos, por lo que en ese caso nos descentrarían (si esperábamos que la audiencia se riese y no lo hace, eso podría desorientarnos y hacernos perder el hilo de la charla).

No obstante, si consideras que el chiste viene realmente al caso, lo has ensayado previamente en casa y te ves capaz de contarlo sin reírte al terminarlo (por aquello de que igual eres solo tú quien lo hace), pruébalo. Pero, por favor, procura no prodigarte en exceso, pues no eres un *monologuista*, sino un comunicador.

Tercero: convencer

Este es el objetivo más alcanzado, pues el siguiente, persuadir (el más deseado), no siempre es asequible, sobre todo cuando el público que nos atiende es heterogéneo (que es lo más frecuente).

Aun así, no creas que éste es fácil de alcanzar, pues eso implica que tus planteamientos hayan *convencido* a la mayoría de quienes te escuchan y ello requiere, como todo en la comunicación, mucha preparación… y aún más práctica.

Hace poco tuve que dar una charla en la que, una y otra vez, pero de diferentes formas, volvía hacia una de mis ideas principales (que es algo que siempre debemos procurar, por aquello de que se les queden *grabadas*).

Pese a mi insistencia, sólo obtuve de quien presidía la reunión un "Carlos, no te esfuerces más, he comprendido la importancia de tu idea, pero, aunque comparto las bondades del programa que nos presentas, habrá que esperar para poder implantarlo". Es decir, se quedaron convencidos de la importancia de mi idea, pero no conseguí persuadirlos.

Convencer y Persuadir, dos caminos igualmente *empinados*

No obstante, si te has preparado bien (y eso cualquier audiencia lo nota, ya lo verás), ya has escalado un peldaño en la consecución de este objetivo, pues quienes te escuchen siempre agradecerán ver que la persona que les habla se ha tomado el máximo interés en prepararse y ha estudiado a fondo el tema del que esté hablando (recuerda que no hay nada peor que tener que oír hablar a alguien sobre un tema que no conoce).

A partir de ahí, el camino empieza a inclinarse, pues para hacer que la audiencia acepte tus propuestas tendrás que luchar por mantener su atención durante toda la charla (será esencial que al menos te esfuerces, especialmente, durante la introducción y en las conclusiones, pues son las partes de cualquier charla en las que les dirás de qué vas a hablarles y en las que les recordarás de qué has hablado, respectivamente).

Cuarto: persuadir

Como ya he indicado, éste es tu principal objetivo a perseguir. ¡Qué difícil es hacer cambiar el parecer de la gente que nos escucha! Si convencer te había parecido complicado, persuadir lo es aún más.

No sé de reglas mágicas que nos garanticen la total consecución de este objetivo (yo al menos no las conozco y si tú tienes alguna, por favor, contacta conmigo cuanto antes), más allá de confiar en que con una adecuada preparación, con sacrificio y con perseverancia, casi todo en esta vida es posible.

No obstante, no te preocupes si pese a hacerlo así, no siempre consigues persuadir a quienes te escuchen.

Tu única preocupación debería residir en haber sido capaz de exponer tus ideas de la mejor forma posible, en el tiempo previsto y con la mayor naturalidad y pasión posibles.

Lo demás, si sale, ¡bien!, y si no... ¡no convenía! Ya habrá más ocasiones.

Aun así, no desesperes, pues con la práctica seguirás mejorando (seguro) e irás, cada vez más, optando a mayores y mejores objetivos, lo que hará que aumenten tu autoestima y confianza.

4. Pensar CÓMO lo harás

Dependerá, generalmente, de las características del lugar en que hables o del tipo de escrito de que se trate.

Las más de las veces todo comunicador tiene la opción de conocer cómo será el espacio en el que disertará, pero hay ocasiones en que le vendrá impuesta la forma en la que tendrá que hablar (de pie, sentado, tras un atril...).

Todo esto deberíamos conocerlo siempre antes de llegar, para que no nos sorprenda y podamos prepararnos correctamente en casa.

¡Practica, practica y practica, hasta que tu charla fluya lo más naturalmente posible! Cuanto más preparado lo lleves, mejor te saldrá, seguro.

Esa intensa y detallada preparación es la que nos otorgará la confianza suficiente para ayudarnos a conseguir los objetivos que nos hayamos propuesto con la charla. Si fuera una presentación escrita, tendríamos que prepararla igualmente, pues los primeros borradores son, casi siempre, mejorables.

Respeta, por favor, otra **regla de oro: Ajústate, siempre, al tiempo concedido (o al máximo de palabras, en el caso de escritos).**

Recuerda que siempre es mejor que se queden con ganas de más, a que estén deseando verte terminar. Generalmente, cualquier audiencia agradece que un comunicador respete el tiempo que se la ha dado, porque es muestra tanto de que se ha preparado bien qué decir, como de que le importa la gente a quien se dirige.

Por otro lado, si acabásemos mucho antes de tiempo daría la impresión de que el tema no nos interesaba demasiado y queríamos terminar cuanto antes, lo cual supondría una falta de respeto a nuestra audiencia.

Quien ha pagado por escucharnos durante una hora (lo creas o no, a muchas charlas se paga por ir), ¿no tiene acaso derecho a que su orador complete el periodo contratado?

En cambio, pasarse en cambio del tiempo concedido, sería una clara muestra de que no hemos sabido estructurar adecuadamente la información a transmitir y que, además, no nos ha importado *robar* el tiempo de quienes nos atendían y que, seguramente, tendrían muchas otras cosas más interesantes que hacer.

Más consejos prácticos:

1. Escribe todas tus presentaciones desde el *"buenos días"* **inicial hasta el** *"gracias"* **final**[6]**, y ten siempre el texto a mano** (por si la memoria, *"la loca de la casa"* como la llamaba Santa Teresa, te fallase).

La capacidad para flexibilizar[7] se te presentará como un precioso y merecido fruto de todo el trabajo de tus preparaciones previas.

Cuanta más práctica tengas, más capacitado estarás para poder hacerlo, basándote en tu experiencia previa y en el conocimiento que hayas podido adquirir del tema de que se trate.

---

6. Uno de mis antiguos jefes, excelente persona, me comentó una vez, hace ya mucho, que siempre que tenía que hablar delante de representantes de los medios de comunicación, procuraba llevar todo escrito para que no hubiese ocasión de que se malinterpretaran sus palabras.

7. Churchill, uno de los mejores oradores del siglo XX, era lo suficientemente humilde como para reconocer que no tenía el talento necesario para *"improvisar lo no planeado"*, así que siempre procuraba tener todos sus discursos convenientemente preparados.

Siempre que dispongas del texto completo de tu charla, saldrás más confiado y quitarás de tus preocupaciones la de que puedas *quedarte en blanco*, por ejemplo. Créeme, porque lo he vivido, que quedarse sin palabras ante un auditorio repleto no es plato de gusto.

Podríamos, por tanto, afirmar que la excelencia en cualquier buen comunicador reside en seamos capaces de hacer que todos los que nos escuchen crean que nuestro discurso es lo más espontáneo y natural (de ahí la importancia de procurar leer lo mínimo, pues cuanto más leamos, menos atenderemos a la audiencia y más perderemos el contacto visual, que es uno de los principales aspectos que favorecen la cercanía).

¡Huyamos, pues, de los discursos leídos! No te conformes con ese *salir del paso* e intenta evitar tener que fijarte siempre en un papel (pero tenlo a mano... por si necesitarás consultarlo).

No obstante, si tuvieras que leer, procura aprovechar las pausas de respiración para *pasear la mirada* entre tu público. Fuérzate a levantar la vista en cuanto puedas y no te ocultes permanentemente tras los papeles: ¡que te vean!

2. Define todas tus presentaciones con el máximo detalle:

No te conformes con los primeros borradores (que siempre son incompletos y suelen contener bastantes errores). Revísalos hasta que pulas todos los fallos observados.

Utiliza frases precisas (huyendo de tecnicismos no necesarios), y sólo aquellas que, en verdad, aporten algo al discurso. Incluye incluso las anécdotas u ocurrencias relacionadas al caso (y ensáyalas previamente), que te evitará tener que improvisar (intentemos desterrar esta palabra de nuestro *modus operandi*).

No tengas prisa en cerrar definitivamente tu discurso y mantente abierto a poder incluir otras posibles ideas, si considerases que éstas realmente podrían ayudarte a alcanzar los objetivos de tu charla, pero sólo hasta poco antes de salir al estrado, porque una vez allí, tu suerte está echada. No será ya momento de hacer cambios, sino de que te ciñas a lo ensayado, que siempre constituirá tu mejor garantía de éxito.

No obstante, si tu preparación ha sido todo lo buena que cabe esperar (que estoy seguro de ello), no te hará falta, generalmente, incluir casi nada nuevo.

Cuanto más te documentes sobre cada tema a tratar, más capacitado estarás para poder hablar sobre el mismo.

De ahí la importancia de estudiar a fondo todo lo que puedas sobre cada tópico a desarrollar y, cuando te fuera posible, de confrontar tus ideas con las de otras personas con más experiencia y conocimientos, que eso siempre nos ayudará a enfocar mejor la presentación de cualquier tema.

Esto último te costará un tanto más, por aquello de que siempre creemos que somos los más expertos (fruto, sin duda, de esa soberbia que a todos nos come por dentro, a mí entre ellos), pero debes ser consciente de que invariablemente hay personas que *dominan* mucho mejor que nosotros. Preguntar te ayudará también a fomentar el desarrollo de la humildad (e incluso puede que te abra nuevas perspectivas, que te ayuden a presentar tu charla o escrito de otra u otras formas diferentes y, por qué no, mejores).

Procura emplear palabras que puedan ser comprendidas por la mayoría de quienes te escuchen. No caigas en el error de pensar que si utilizas vocablos rimbombantes (que en nuestra conversación habitual del día a día no solemos emplear, yo al menos) tu discurso sonará mejor, y quedarás aún mejor.

Intenta más bien emplear palabras que expresen tus sentimientos (*hablando desde el corazón*), que esa es, sin ninguna duda, la mejor forma de llegar, en todo momento y lugar, a quienes te atiendan.

3. Procura infundir tu propio ritmo, el más adecuado, a cada una de tus charlas o escritos:

No solamente debes escoger adecuadamente tus palabras, sino que tienes que darles a éstas el ritmo y la cadencia que precisen (pausas, cambios de tono…), para procurar que tu charla sea agradable y fácil de escuchar.

¡Lucha por huir siempre de la monotonía en tus charlas y escritos! Porque aquélla es sinónimo de rápida desconexión, y ésta de no alcanzar tus objetivos propuestos.

4. Que todo en tu preparación y en el desarrollo de cada charla, conduzca siempre a tus interlocutores hacia la única e inevitable conclusión de que: ¡tus ideas son claramente merecedoras de consideración!

Para ello empieza siempre presentando la más relevante de tus 3-4 ideas principales (intenta no incluir muchas más), y esfuérzate porque todo en tu disertación se ordene en torno a las mismas, aportando suficientes evidencias para que, según entrelazas unas ideas con otras, tu audiencia se vaya convenciendo de la bondad de tus planteamientos. Es decir, ve encaminándolos hacia la aceptación de lo que plantees.

Las más de las veces, parafraseando a Churchill, "esto puedes conseguirlo diciendo muchas veces lo mismo, de maneras distintas, para que vaya calando en tus interlocutores[8]".

A este respecto, recuerdo la primera charla que impartí en una Universidad (hace ya mucho tiempo, claro).

Al prepararla, mi antiguo jefe, un experimentado comunicador, sólo me dio un consejo: "no les des más de 3-4 ideas".

---

8. Atribuido a W. Churchill: "Si tienes algo importante que decir no trates de ser sutil o agudo. Di tu punto una vez, luego regresa y vuelve a exponerlo, y después una tercera vez, debe ser como una tormenta."

En la charla pretendía hablarles del Ejército del Aire y del Espacio (EA) con motivo del primer centenario del vuelo de los hermanos *Wright*[9], y tenía una duración prevista de una hora. Cometí el grave error (yo era mucho más joven y, por supuesto, poco experimentado... y nada humilde) de no hacer caso a ese oportuno consejo y quise contarles *todo* lo que yo sabía sobre nuestro querido EA. Les abrumé a datos, fechas y siglas (muchas... muchas siglas). Ya puedes imaginarte que el resultado no fue, ni mucho menos, el que yo esperaba, ni ellos merecían.

Desde entonces, he procurado hacer más caso de quienes me aconsejan y los resultados, si bien no excelentes (sigo luchando por mejorar), han sido considerablemente mejores.

De ahí que te sugiera que siempre procures tomar en consideración lo que personas más experimentadas te indiquen, pues nuestro punto de vista no es, ni mucho menos, infalible.

Si procuras actuar así, ejercitarás más tu humildad y, consecuentemente, tus *performances* mejorarán, y mucho.

5. Usa, siempre que te sea posible, **contenido audiovisual, ejemplos y anécdotas:**

Una charla sólo a base de datos, palabras o hechos no es lo suficientemente atrayente: necesita ser acompañada de imágenes, ejemplos y anécdotas, que faciliten a quienes nos escuchen ver y sentir lo que les contemos de un modo diferente (verlas y sentirlas como el comunicador desea que lo hagan, que ese es nuestro objetivo).

9. Los hermanos *Wright, Wilbur y Orville* (*Dayton, Ohio*), fueron pioneros de la Aviación, reconocidos mundialmente como los que inventaron, construyeron y volaron con éxito el primer aeroplano del mundo (el *Flyer* I) el 17 de diciembre de 1903, en *Kitty Hawk*.

Recuerda no utilizar presentaciones de otros a las que no hayas dado tu *toque personal*. No obstante, mi consejo es que siempre te las hagas tú (lo auténtico, aunque seguramente no sea siempre lo mejor, es más atrayente).

De hecho, te confirmo que lo propio cautiva mucho más, que es también otro de nuestros objetivos.

6. Muéstrate siempre sincero y apasionado:

Para alcanzar el ansiado objetivo de persuadir a quienes nos escuchen, nuestras mejores herramientas serán siempre la pasión y la sinceridad.

Si un comunicador cree realmente en su discurso, será mucho más fácil que quien le atienda se sienta también inclinado a hacerlo.

Y procuremos no caer en el error de creer que esto no se prepara, ni se ensaya. Si previamente no nos hemos motivado concienzudamente, la pasión no nos nacerá en el estrado (esto es un axioma, no una opinión).

Como todo en el discurso, eso tiene que haberse entrenado durante nuestra preparación previa a la charla. Lo que se vive, lo que se siente, es mucho más fácil trasladarlo y, sobre todo, llega mejor y convence mejor, que, una vez más te recuerdo, es nuestro objetivo.

Por todo ello, a la hora de preparar cualquier charla o escrito, centrémonos sólo en lo importante, en lo que realmente creamos que podría interesar a quienes nos escuchen o lean.

Esto suele costar más a los comunicadores noveles, sobre todo si son expertos en lo que van a comunicar, pues generalmente pretendemos demostrar lo mucho que sabemos sobre la materia en cuestión (esa recurrente soberbia que siempre nos persigue), sin caer en la cuenta de que quienes nos escuchan ni son tan enterados, ni están interesados en que les apabullemos a información.

Además, recuerda que cuando un tema no nos interesa en exceso, o se nos da más información de la que podemos *procesar*, perdemos el interés y desconectamos, con lo cual no conseguiremos alcanzar los objetivos de nuestra presentación.

Una vez decidido de qué vayamos a hablar (siempre en función de a quienes nos dirijamos, no olvidemos nunca este aspecto), recuerda que la capacidad de cualquier audiencia, tanto de atención como de retención, es limitada.

Todos tenemos multitud de frentes abiertos, poca disponibilidad, muchas preocupaciones... y cada vez podemos dedicar menos tiempo a aquello que no nos llena (y muchas veces, ni siquiera a lo que realmente nos gusta).

Conclusión: No hagamos que nuestra audiencia tenga que pensar.

Démosles todo bien *mascado* y organizado, pues si les obligamos a tener que ir discriminando qué información es relevante y cuál no lo es, pronto empezarán a pensar en sus cosas.

De estas últimas ideas te presento **tres conclusiones parciales** que considero relevantes:

1. **Procuremos presentar todas nuestras exposiciones de la forma más atractiva posible, para que, ya desde el inicio, cautivemos a quienes nos escuchen.**
   Si no logramos retenerles en esos primeros minutos, nos será mucho más difícil que sigan con interés el resto de nuestra presentación. De ahí que insista en la importancia de plantear una buena introducción o presentación inicial de cualquier exposición.
   Si somos capaces de ilusionarles al principio, será más fácil que muestren interés durante el resto de la charla.

2. **Intentemos no desarrollar más de tres o cuatro (3-4) ideas principales**, pues como ya venimos diciendo, nuestra capacidad de retención es cada día más limitada, y si obligamos a quienes nos atienden a tener que *digerir* demasiada información, perderemos seguramente su atención. Recuerda: 3-4 ideas que durante la charla iremos repitiendo (con diferentes enfoques) para que vayan calando en la audiencia. De esta forma, quizás no puedas contarles todo lo que aparece en tu libro, pero te asegurarás de que quienes te escuchen se lleven lo esencial del mismo: acuérdate de aquello de fijar objetivos asumibles.

3. **No pierdas nunca la ocasión de exponer tus conclusiones.** Es tu última oportunidad para influir en el ánimo de quienes te escuchen o lean, y si no recuerdas a tus interlocutores esas 3-4 ideas de las que venimos hablamos, no conseguirás que éstas se les graben. De ahí la importancia de que ajustemos siempre los tiempos de cualquier presentación (o el espacio de cada escrito) para que nos queden, al menos, unos minutos (o unas líneas... las suficientes) en los que recordar a nuestros oyentes o lectores lo más importante que hayamos tratado... que en eso consisten las conclusiones.

No he mencionado aún el **tiempo para preguntas** que, a veces, tenemos que dejar.

Si sabemos de antemano que la organización de nuestra presentación nos ha pedido que atendamos preguntas durante unos minutos, tendremos entonces que ajustar nuestra disertación para ofrecer a nuestra audiencia la oportunidad de que nos planteen los posibles interrogantes que hayan surgido.

Algunos comunicadores noveles, por falta de confianza las más de las veces, temen, y de qué forma, ese tiempo de preguntas y creen que, si alargan su exposición y se *comen* esos minutos, pasará la oportunidad de que les pregunten, pero eso supone una falta de respeto a la audiencia que hay que procurar evitar.

Por tanto, siempre que fuera el caso, debemos planificar nuestras presentaciones dejando el tiempo necesario al final de las mismas para que puedan preguntarnos.

No te preocupes, pues si vas preparado, que lo irás, el resultado será, cuanto menos, bueno.

A este respecto, considero dos modos de afrontar las preguntas. Los comunicadores con más experiencia no tienen inconveniente, las más de las veces, en ofrecer a quienes les atienden la posibilidad de que, si surgen dudas, se sientan libres de interrumpirles mientras hablan.

Mi parecer es contrario a este punto, pues considero que es mejor dejar tiempo al final para ello, de forma tal que no se modifiquen los tiempos previstos (y que no se desvíe ni la atención, ni lo importante de la charla), pero eso dependerá del formato de cada presentación.

De cualquier modo, es al inicio de la charla cuando hay que informar a la audiencia sobre cómo podrán solventar sus dudas, si fuera el caso.

No obstante, el tiempo para preguntas puede ser un arma de doble filo, pues pudiera darse el caso de que hubiese muchas dudas y nos pregunten, o que, por el contrario, no nos trasladen cuestión alguna, bien porque la charla hubiera sido plenamente convincente y no haya suscitado interrogante alguno (caso más bien improbable, las más de las veces), o bien porque nadie se atreva a preguntar (*a romper el fuego*), que es la situación que más se prodiga.

Ante estas posibilidades, y para evitar que debamos pasar el mal trago de quedarnos mirando al público esperando llenar cuanto antes ese vacío temporal, conviene siempre llevar algo más de materia a presentar (información adicional), de modo que podamos *rellenar ese hueco temporal* no utilizado con la exposición de otras ideas que antes, por falta de tiempo, no tuvimos oportunidad de plantear.

¿Cómo procederíamos en ese último supuesto? Informando a la audiencia de que, puesto que no hay preguntas y aún nos quedan unos minutos, aprovecharemos para tratar el siguiente aspecto (el que hayamos preparado), que también consideramos relevante y que antes, por no quitarles tiempo, no pudimos desarrollar (u otra fórmula similar en la que les informemos de que estamos preparados para continuar y ocupar ese *hueco temporal vacante*).

De cualquier modo, deberíamos ir preparados para afrontar rápida y eficientemente cualquiera de ambas opciones.

Antes de pasar a ver cómo podríamos estructurar cualquiera de nuestras presentaciones, conviene reiterar algunos otros aspectos también relevantes:

- No olvidemos que la preparación antes de cualquier intervención oral, es imprescindible. Dediquémosle el tiempo que sea preciso a cada una. Al principio, cuando se llevan pocas charlas impartidas, el tiempo que tendremos que emplear será mayor, pero conforme vayamos cogiendo experiencia, éste disminuirá… si bien nunca podrá eliminarse del todo. Jamás te arrepentirás del tiempo invertido en cada preparación, pues eso te concederá más seguridad, que se plasmará en una mayor confianza y soltura a la hora de exponer tus ideas.

- Cualquier audiencia agradecerá siempre tu preparación, y eso les predispondrá a ser más receptivos con las ideas que les quieras transmitir. Si tu audiencia observa que te has tomado la molestia de prepararte a conciencia (porque lo es, te lo anticipo), eso sin duda les predispondrá a estar más abiertos a la aceptación de tus ideas (que es lo que andamos buscando).

Conclusión: cuidemos siempre la preparación de todas y cada una de nuestras charlas, pues ese es nuestro mejor seguro para alcanzar (casi siempre) **los objetivos propuestos.**

- Estudia siempre a fondo cualquier tema sobre el que debas hablar, y no te conformes con tener una ligera idea del mismo, ni caigas en el extendido error de creer que la experiencia te ayudará a rellenar esas *lagunas* que tu incompleto conocimiento presenta, pues todo buen comunicador debería hablar siempre con fundamento, y si no conoce algo: mejor callar que inventar. No te contentes tampoco con adquirir unas ligeras nociones sobre el tema del que tengas que hablar, con las que creas que podrías *cubrir el expediente.*

  Esa actitud, ese transigir con *salir del paso* de forma cómoda, es propia de conformistas y no refleja tu auténtico espíritu de *líder de opinión*, por lo que sigue mi consejo y oblígate siempre a salir al estrado lo mejor preparado posible.

  No cometas el error de subestimar a quienes te escuchen, entre los que, quizás haya personas más entendidas que nosotros en la materia, que podrían revocar nuestros poco preparados planteamientos. Tampoco olvides lo rápido que, a través de la red, puede comprobarse la veracidad y oportunidad de cualquier información que les traslades.

  Créeme, porque lo sé, que nada hay peor que plantarse ante cualquier audiencia (no importa el número de personas de que se trate, pero lógicamente cuantas más sean, más difícil se nos hará) sin saber de qué hablarles, pues, aunque pudieras ser capaz de ocupar el tiempo que te hayan concedido disertando sobre lo que tu experiencia te aconseje, eso no sería lo que quienes te atiendan querían escuchar y, por tanto, no alcanzarás plenamente tus objetivos.

- No pretendas abarcar demasiado. Confórmate, como ya se indicó anteriormente, con hacer calar en el entendimiento de quienes te escuchen unas pocas ideas (3-4) que, cuanto menos, les convenzan, si no fuera posible llegar a persuadirles. Recuerda que siempre es preferible que se queden con ganas de más, a que desconecten por sentirse abrumados. ¡Tu objetivo, no lo olvides, no es quedar bien, sino ser capaz de transmitir un mensaje que persuada o, al menos, convenza!

- No quieras ser gracioso. Ten presente que tu objetivo principal siempre es persuadir, no entretener sin más. No obstante, si te ves capaz (cada vez irás sintiéndote más seguro de ello), hacer la charla agradable es también muy deseable, si bien me temo que eso requiere más experiencia, mucha más preparación y... cómo no, más práctica.

  No creas que cuando cualquier orador experimentado te diga aquello de: "a propósito de esto..., me viene a la cabeza una anécdota muy apropiada...", es que efectivamente se le ha ocurrido de repente, sino que, muy probablemente, la haya ensayado en casa previamente, y con seguridad varias veces.

  Y, por supuesto, si pretendieses emplear la técnica de reírte de alguien para amenizar un tanto la charla, sólo puedes hacerlo de ti mismo (sin, por supuesto, entrar nunca en temas poco recomendables, o fuera de la temática general de la charla, que eso por una parte desdeciría de tu buen hacer y sentir, y por otra desviaría la atención del contenido importante de tu disertación).

- Es aconsejable amenizar cualquier charla con anécdotas (ya comenté que mejor no emplear chistes, pues pueden no ser adecuados, o ejercer un resultado inesperado), pero mi consejo es que, en la medida de lo posible, no sean muchas, ni empleemos aquellas que no tengan relación con el tema a tratar, pues sólo distraerían.

Además, como ya se dijo, es mejor que las anécdotas que empleemos sean más bien personales o familiares, porque no las conocerán más que nuestros íntimos y, al compartirlas con la audiencia, hará que se sientan partícipes de un pedacito de nuestra vida, que siempre es una inteligente forma de congeniar con ellos, y de demostrar acercamiento, lo que, sin duda, será positivo para ayudarnos a alcanzar los resultados deseados.

Vistos los fundamentos iniciales, podemos pasar a tratar cómo estructurar adecuadamente cualquier presentación, oral o escrita.

Toda charla o escrito suele tener tres partes esenciales: Introducción, Cuerpo y Conclusiones (da igual cómo las llames, pues siempre hay que presentar un tema –introducirlo–, desarrollarlo –explicarlo en detalle– y resumirlo –resaltar lo más importante tratado–).

En la Introducción anticípales de qué hablaremos, en el cuerpo cuéntaselo, y en las conclusiones repíteselo[10].

De esa forma, conseguirás que tus 3-4 ideas esenciales se graben en quienes te escuchen o lean, lo que, por supuesto, te ayudará en la consecución de los objetivos que te hubieras marcado.

---

10. "Dile a la audiencia lo que vas a decir, dilo; luego diles lo que has dicho". Dale Carnegie (1888-1955) famoso escritor y conferenciante estadounidense, que desarrolló numerosos cursos de superación personal, ventas, capacitación corporativa, oratoria y habilidades interpersonales.

Capítulo 3

La introducción

Toda introducción debe ser breve. Es recomendable no emplear en ella más del diez por ciento del tiempo o espacio concedidos para la charla o escrito, respectivamente.

Es, como ya indiqué, la primera oportunidad que tendremos para cautivar a nuestra audiencia, por lo que siempre deberíamos aprovechar esos minutos (o líneas iniciales) para plantear, de forma atractiva y fácil de comprender, la importancia del tema que desarrollaremos.

Empecemos por el contenido del mensaje: las palabras. Evidentemente, si queremos mover voluntades (nuestra intención principal), hay que procurar captar la atención de quienes nos escuchan desde el mismo instante en que empecemos a hablar y, después, luchar por mantenerla hasta el final de nuestra presentación. ¡Como te imaginarás, la tarea no será fácil!

Hoy día, el *bombardeo* mediático a que todos estamos sometidos, unido a la facilidad de disponer, casi al instante, de más información de la que podemos asimilar, y sumado a la poca capacidad de retención generalizada y al aluvión de noticias, hacen que lo que ahora es relevante, dentro de diez minutos (por dar una cifra), ya no lo sea tanto.

Todo ello aconseja que los mensajes que transmitamos sean de poca amplitud, con ideas muy claras y que no precisen de un gran esfuerzo memorístico para su correcta comprensión.

Para ello, tómate ahora, por favor, unos segundos en pensar cuántos anuncios publicitarios que se te hayan quedado en la mente tienen más de una frase (los de las marcas más conocidas suelen ser sólo de una y, generalmente, corta y pegadiza).

Eso refuerza mi parecer de que, siempre que fuera posible, cualquier mensaje que quisiéramos transmitir tendríamos que haberlo planificado con antelación.

Los discursos extensos, rebuscados, cargados de información o excesivamente técnicos no son, generalmente, aconsejables (y, por supuesto, ni llegan bien, ni convencen).

Como se ha reiterado profusamente, no olvidemos que nuestro objetivo no es destacar, ni quedar bien, sino ser capaces de motivar y persuadir. No se trata, por tanto, de querer aparecer como los más expertos, ni los más técnicos, sino sólo como buenos comunicadores (que ya es más que suficiente), que podamos movilizar voluntades y arrastrar con nuestras palabras... y, particularmente, con nuestro ejemplo (con esa valía de la que hemos venido hablando).

Por ello, todo lo que hagamos ante cualquier audiencia influye. Cualquier gesto, mirada, expresión... todo contribuye a dar más firmeza y credibilidad a nuestro mensaje y, por tanto, todo hay que cuidarlo.

Quédate con este otro axioma: ¡Si no *vivimos* nuestro mensaje, no comunicaremos adecuadamente!

Consecuentemente, es aconsejable que cuando hablemos procuremos creer en todo lo que digamos, porque así trasladaremos a quienes nos escuchen varios mensajes:

1. **Autenticidad**. Si nuestros interlocutores observan que vivimos lo que decimos, eso les predispondrá a otorgarnos su

confianza, que es imprescindible si queremos persuadir. Es decir, buscamos que todo aquél que nos escuche crea que nosotros estamos firmemente convencidos de lo que decimos, pues, generalmente, nos sentimos más inclinados a otorgar nuestra confianza a las personas que sabemos más merecedoras de ello.

2. **Empatía.** Puesto que el objetivo principal de todo comunicador es persuadir, hemos de saber ponernos en el lugar de quienes nos escuchan y hacerles sentir que les comprendemos, que nos interesa lo que necesiten y que procuraremos hacer por ellos todo lo que esté en nuestras manos para ayudarles a alcanzar sus anhelos.

3. **Firmeza.** Si dudamos de nuestras palabras, no calarán en la audiencia, por lo que todo buen comunicador debería mostrarse firme en sus convicciones en todo momento, sin dejar entrever dudas de ningún tipo. Si queremos que acepten nuestro mensaje, éste no puede presentar contradicciones, ni falta de solidez. Por ello, todo en nuestra actuación debería reflejar una total confianza en lo que digamos y hagamos, pues si no podemos transmitir esa idea de confianza, no podremos arrastrar a nadie a que nos siga.

Pasando a otro asunto, es en el tiempo previo a las introducciones cuando suele presentarse al conferenciante, lo que puede correr a cargo de alguien de la organización, o del propio orador.

Para ello, generalmente, nos suelen solicitar un breve resumen de lo más destacado de nuestra vida profesional y personal[1], que presumiblemente resumirán aún más, por lo que conviene ayudar-

---

1. No olvides incluir aquellos detalles relevantes que vengan al caso de tu vida y familia, pues tu currículo puede ser conocido, pero tu vida personal y familiar probablemente no.

les a que lo que vayan a decir de nosotros sea, exactamente, lo que cada uno querría oír de sí mismo. Es decir, subraya lo esencial, lo imprescindible, que será lo que probablemente contarán.

Cabe también la posibilidad de que te ofrezcan presentarse a ti mismo, en cuyo caso no olvides el esencial tema de la humildad al referirte a tus hechos, logros…: a nadie le gusta que otro u otra se presenten como la mejor o el mejor (aunque efectivamente lo sean) y eso, además, predispondría a la audiencia en tu contra, ya desde el principio.

Por otra parte, tampoco caigas en el también reiterado error de querer ser excesivamente *cercano*, procediendo a contar detalles íntimos de tu vida personal o familiar (que no tienen por qué conocer, y no ayudarán a la consecución de tus objetivos), ni acontecimientos dolorosos que puedan traerte malos recuerdos y desviar la atención de lo importante: tu charla.

Recuerdo la presentación en prácticas de un alumno sobre sus vicisitudes personales y profesionales. En la misma quiso hacer al resto de sus compañeros más partícipes de su entorno familiar, para lo que mencionó el reciente fallecimiento de su madre.

Puedes imaginarte que el resultado no fue el esperado, pues se emocionó tanto que no pudo continuar la charla (en su siguiente oportunidad, corregido el error, lo bordó).

Conclusión: hablemos sólo de nuestra formación esencial (esa que nos faculta para poder dirigirnos a la audiencia como expertos en el tema que fuere) y, a ser posible, de detalles no excesivamente privados (no necesitan saber todo lo que nos afecte) de nuestra vida familiar y personal, que eso siempre atrae y hace que la audiencia vea en quien les habla no sólo un experto (que también), sino además una persona cercana en quien podrían llegar a confiar.

Deja que, conforme avance la exposición, tus interlocutores se vayan dando cuenta de que quien les dirige la palabra es, además de alguien que realmente sabe de lo que está hablando, una persona próxima a ellos.

Te aconsejo para ello que, en todas tus presentaciones, las primeras palabras que quienes te atiendan escuchen de ti, sean siempre de agradecimiento por estar ahí durante el tiempo que se haya previsto (recuerda que todos tenemos otras muchas cosas que hacer, y por eso hay que reconocerles esa cesión voluntaria de su tiempo, dedicándonos su atención y dejando otros asuntos, seguramente más importantes para ellos).

Suele bastar con al menos un "muchas gracias por haber acudido hoy aquí a escucharme", u otra fórmula similar que te guste y suene lo más natural posible.

Hace poco, como integrante de una mesa redonda, tuve la oportunidad de presentar un proyecto a empresarios.

Mis primeras palabras fueron: "señoras, señores, buenos días, muchas gracias por haber venido hoy a escucharnos. Hoy he venido a vender. Sí, han oído bien, vengo a vender...".

Con esa modificación de mi rol habitual de comprador por uno similar al de quienes me escuchaban (vendedores) y con la mejor de mis sonrisas (o al menos eso creo), conseguí captar su atención y el resultado fue mejor de lo que esperábamos.

En otra presentación, ante un grupo diferente de empresarios, modifiqué un tanto la entrada, que quedó así: "buenos días, señoras y señores, muchas gracias por su tiempo. Hoy he venido a pedir sus aportaciones económicas y todo su apoyo a un proyecto excepcional, a un caballo ganador..." Por supuesto, mirando a todos e intentando mantener una franca sonrisa de confianza (esto último no estoy muy seguro de si lo logré).

Ambas formas de iniciar una charla, sin ser ejemplo de nada, sí pueden ser ilustrativas para poner en valor la necesidad de que siempre intentemos, en la medida de lo posible, sorprender positivamente a quienes nos escuchen, lo que, sin duda, logrará captar su atención inicialmente.

Presentémosles a continuación el tema general del que hablaremos y digámosles cómo lo estructuraremos. Al hacerlo, continuemos mirando a toda la audiencia para que nadie se quede sin sentirse partícipe de ese momento en el que su comunicador (su *influencer* temporal si así lo prefieres) les dice qué les contará.

A ser posible, al menos para la Introducción y Conclusiones, presentémonos al público de pie: que nos vean, que sientan nuestra cercanía.

No lo hagamos con las manos en los bolsillos o los brazos cruzados, sino en una postura lo más natural y desenfadada posible (y, sí, esto también deberíamos haberlo ensayado previamente).

Centremos el tema, indiquémosles en cuántas partes lo subdividiremos, y no seamos ambiciosos a la hora de hacerlo: si cualquiera que nos escuche o lea ve un Índice con 30 puntos (por poner una cifra), seguramente pensará que la conferencia o el texto siguientes serán largos y aburridos, y eso le desmotivará inicialmente.

Por eso, ¡siempre es recomendable presentar Índices reducidos y lo más atractivos posible!

Recuerda que todas tus disertaciones y escritos deben estar enfocados a la consecución del objetivo de los mismos: de ahí que nunca sea aconsejable que nos dejemos guiar de la improvisación.

Cualquier parte de una exposición tiene que estar preparada y ensayada: la introducción, las anécdotas, las bromas, las alusiones al público (todo), porque esa es la mejor forma que tenemos de asegurarnos de que alcanzaremos los fines previstos en esa comunicación.

Hay quienes opinan que lo esencial es hacer que los que les escuchan se diviertan, pero esa es, cuando menos, una opinión discutible.

Evidentemente, como ya se ha comentado, si la exposición es amena, será más fácil obtener la atención de quienes nos escuchen, pero no es menos cierto que el primer objetivo de cualquier comunicación debe ser informar.

Es decir, nuestro primer objetivo es comunicar el contenido apropiado. La amenidad de una charla es importante, sí, pero no es lo esencial, como ya recordé. Lo prioritario es transmitir información, convencer con nuestros argumentos y, si fuera posible, mover las voluntades de quienes nos escuchan, es decir, persuadirles.

Y para ello, es conveniente salpicar nuestra exposición con ciertas dosis de amenidad, sí, pero sin perder de vista que nuestro objetivo esencial no es que se diviertan, sin más, sino que se vayan informados, convencidos... y mejor aún, persuadidos. ¿Cómo saber cuál es la dosis justa de amenidad?

No hay reglas exactas, ni generalizables para todas las situaciones, pues cada exposición es distinta: varía el tiempo disponible, cambia el horario, cambia el auditorio... de ahí que cada charla conlleve una preparación diferente.

La misma charla, incluso ante auditorios similares, debería enfocarse de una forma por la mañana (cuando quienes nos escuchan están más *frescos* y receptivos) y de otra bien distinta si se da a última hora, cuando ya están cansados de la larga jornada laboral y pensando en volver a casa y descansar, o cambiar de actividad.

Cuando tus interlocutores estén más receptivos, puedes darle más profundidad al contenido de tu charla, mientras que si están más distraídos o cansados, es el momento de sacar esas anécdotas (previamente ensayadas, por supuesto) con las que intentar volver a captar su atención, y procurar no impartir información en exceso (imagínate hablar, por poner un ejemplo actual, sobre los *efectos del calentamiento global en el Ártico* a las cuatro de la tarde en un mes de julio, con una sala abarrotada).

Y, una vez más, acuérdate de que todo, hasta esas anécdotas *que se te ocurran*, debería estar previamente preparado y ensayado.

A este respecto, recuerda que no conviene abusar de las mismas, y que no deberías incluirlas si no vienen al caso, porque de ese modo distraerías la atención de quienes te escuchan y eso te alejaría de la consecución de tu finalidad principal.

Es decir, cuando creas que debes utilizarlas es porque consideras que de las mismas tus oyentes extraerán más información, complementará lo que estés exponiendo, o aportará alguna explicación auxiliar necesaria sobre el contenido de tu charla.

Si esos comentarios o anécdotas afectasen a otras personas no los incluyas, salvo que te hubiesen autorizado, y tampoco si están un tanto subidos de tono o fueran inapropiados (lo que no contaríamos delante de la familia, ni de nuestros mejores amigos, por ejemplo, tampoco deberíamos *airearlo* en un auditorio).

Como consejo, procura no hablar de temas que te afecten especialmente de modo personal (pérdidas, recientes o no, de familiares, ausencias prolongadas de amigos, enfados personales...), ni excesivamente íntimos (esto no sería apropiado en un estrado... ni en la mayoría de sitios).

Es decir, no sería aconsejable mencionar anécdotas en las que hablásemos, por ejemplo, de familiares o amigos enfermos o recientemente fallecidos, pues eso podría afectarnos y desviar nuestra atención del objetivo de la charla, que debe ser siempre nuestro único *norte*.

Conclusión: ¡pocas anécdotas y sin entrar en excesivos detalles, y mejor las personales o familiares, porque no serán conocidas salvo por los tuyos!

Mejor no incluir chistes, como ya se comentó, porque no sabemos si afectarán a la sensibilidad de alguno de nuestros oyentes, no podemos prever si la reacción a los mismos será la que esperabas y, posiblemente, distraerán la atención de quienes te escuchan respecto del contenido de la charla, que, no olvides, es tu única prioridad.

Hechas estas salvedades, toca hablar de la temática en sí: es decir, de la información que queremos transmitir.

A este respecto, lo primero que hay que hacer al prepararnos es delimitar la información que transmitiremos en función de la audiencia a la que va dirigida (insisto en que siempre preparemos nuestras charlas en función del público a quien vayamos a dirigirnos).

Ya se indicó que la misma charla cambia sustancialmente según el colectivo a quien se dirija, porque hay sensibilidades distintas, nivel cultural variado, diferentes conocimientos del tema, etc.

En segundo lugar, tengamos presente que uno de los objetivos de cualquier alocución o escrito es llegar al mayor número posible de personas (entendiendo por *llegar* que capten claramente, tanto el contenido como la intencionalidad de nuestras palabras), por lo que deberíamos ajustar la charla para que ésta cubriese las necesidades del mayor número de quienes nos escuchasen, siendo plenamente conscientes de nos será imposible contentar a todos y que, por regla general, no podremos bajar al detalle en exceso, ni ser demasiado técnicos, porque correríamos el riesgo de dar información de más, de abrumar a algunos y de aburrir a otros muchos.

Conclusión: procura conocer lo máximo de quienes van a escucharte y, cuando eso no sea posible, limita entonces la información a lo esencial, aún a riesgo de que se queden con ganas de más, porque siempre es preferible que te pidan que amplíes, a que los satures.

Si te excedes en tu introducción, quitarás tiempo o espacio al cuerpo y a las conclusiones, y no podrás desarrollar adecuadamente tus ideas, ni recalcarlas posteriormente.

Reitero, por tanto, que la adecuada preparación es siempre imprescindible.

Es aconsejable que preparemos nuestro *Índice* una vez hayamos finalizado la estructura y desarrollo de cada charla o escrito, y no al principio, pues muy seguramente cambiaremos bastante de ambos durante nuestra preparación.

Insisto en la idea de que todo lo que no se prepare adecuadamente, tiene un elevado riesgo de no alcanzar los objetivos previstos. De ahí la necesidad de que pongamos siempre el máximo empeño en la preparación de todas y cada una de nuestras introducciones.

¿Recuerdas aquella famosa frase de un antiguo spot publicitario: "*la primera impresión es la que cuenta*"? Pues eso se aplica siempre, y de qué forma, a la Introducción.

¿No te ha pasado en más de una ocasión que cuando te presentan a alguien ya le estás juzgando, incluso antes de que nos hable? A mí sí (soy bastante imperfecto... qué le vamos a hacer).

Pues, si procedemos así en la relación con otras personas en nuestro día a día, ¿cuánto más no haremos con quienes se dirijan a nosotros desde un estrado o un atril?

De ahí la importancia de que cualquier comunicador sepa aprovechar sus Introducciones para establecer la mejor relación posible con sus interlocutores. Si lo conseguimos, tendremos gran parte del trabajo hecho.

Cuando estés introduciendo tu disertación, quienes te escuchen no sólo atenderán al contenido de tus palabras, sino a cómo las digas, y también a todo lo que con tu cuerpo y tus gestos traslades al hacerlo (es decir, a nuestro lenguaje corporal). Por eso insisto en la necesidad de que procuremos sentir lo que digamos, que es otra forma de decir que hay que saber convencer, también, con el ejemplo.

El ejemplo será siempre una de nuestras mejores armas para ayudarnos en la difícil tarea de motivar a quienes nos escuchen. Es imprescindible hablar y saber de lo que se diga, sí, pero **¡nada mueve tanto como el ejemplo!**

Si de tus palabras obtienes de tu audiencia un "nos has convencido, pero no cambiaremos nuestros planteamientos", no habrás alcanzado el objetivo primario de mover voluntades (de persuadir).

El dicho "Obras son amores y no buenas razones" es perfectamente aplicable aquí, pues cualquiera que quiera persuadir debería aspirar a poder ser un ejemplo (al menos temporal) para todos los que le atiendan. **¡Las palabras predisponen, y el ejemplo impulsa!** De este axioma se deduce la importancia de la comunicación no verbal, tan al alza hoy día.

Si nuestros actos no acompañan a nuestras palabras: nuestra comunicación no será efectiva. Por eso que insista tanto (ya me perdonarás) en que hay que ensayar, y mucho, la comunicación no verbal, pues el vestuario, los gestos, la sonrisa... –todo influye– y nada debería dejarse a la improvisación.

El primero de esos aspectos es el **vestuario.** Los comunicadores no tienen que ser iconos de la moda (gracias a Dios), pero la presencia externa es lo primero que *llega*, y por ello hay que cuidarla, siempre.

Las primeras impresiones, como bien supondrás, son difíciles de cambiar, por lo que, consecuentemente, deberíamos procurar ser miméticos con nuestro entorno y saber elegir qué vestuario sería el más adecuado para que, sin sobresalir del grupo, se nos vea como a uno de ellos.

Y no me refiero a que debamos ir siempre a la última, sino con la indumentaria apropiada para cada situación y grupo al que nos dirijamos.

Consiste en sabernos adaptar a la situación en que nos encontremos y que, esa voluntad de adaptación, ese querer ser cercanos, representado inicialmente por una vestimenta adecuada, pueda ser *sentido* por quienes nos atienden y les predisponga, ya desde el principio, a escucharnos con más atención.

Conclusión: Si aspiramos a ser comunicadores eficientes, debemos saber qué indumentaria será la más apropiada para el entorno en que vayamos a encontrarnos, la situación que viviremos y el público a quien nos dirigiremos.

Y si nuestros **gestos** acompañan a nuestras palabras, convenceremos mejor, sin duda.

Las personas a quienes consideramos sinceras, atraen más y nos predisponen a seguirles. Y, una vez más, tengamos presente que esto también necesita preparación.

No creamos que, por ejemplo, es fácil *liberar* nuestras manos y hacer que cuando hablemos de aumentar suban, o que bajen si nos estamos refiriendo a disminuir.

Tampoco es sencillo que, si estuviésemos hablando sobre conectividad global, por poner un supuesto actual, consigamos que ambas manos tracen una circunferencia en el aire.

Y así durante toda la charla, puesto que, si no acompañamos nuestras palabras con gestos *ad hoc*, no reforzaremos el mensaje y eso nos alejará de conseguir nuestros objetivos.

Hablando de objetivos, puesto que uno de los esenciales de cualquier Introducción es predisponer a quienes nos escuchen para aceptar nuestro enfoque del tema que se trate, es importante que a la hora de plantear los nuestros lo hagamos de forma desenfadada, a ser posible con una sonrisa sincera (y, sí, eso también debemos haberlo ensayado previamente).

Sonreír ante cien personas, o el número que prefieras, no siempre te resultará sencillo. Recuerda que estarás algo nervioso (los nervios nunca desaparecen del todo, pero con la práctica aprenderás a dominarlos) y que, a veces, lo que nosotros pensamos que es una magnífica sonrisa de confianza, se queda en un rictus de ansiedad.

De ahí la importancia de ensayarlo previamente en casa, ante un espejo o el móvil, para saber si de verdad sonreímos, o ponemos una mueca de nerviosismo.

La mejor opción, si logras convencerles, es ensayarlo delante de tus familiares o amigos, gente que te conoce y que te dirán, de verdad, cómo te has desenvuelto.

Eso sí, valora después los consejos que te ofrezcan y procura corregir los errores que te indiquen (procura ser agradecido, comprensivo y paciente, por ese orden).

Pero, no te preocupes, pues aunque he dicho que la sonrisa es deseable, si no nos viéramos capaces (lo conseguirás con el tiempo, estate seguro de ello), procuremos adoptar nuestra mejor pose y esa cara de las *grandes ocasiones* que todos somos capaces de mostrar cuando queremos o nos interesa, ¿no? Con eso bastará... las más de las veces.

Con la práctica y conforme aumente el número de charlas que impartas, la sonrisa, fruto de tu preparación y perseverancia, te saldrá cada vez más fácil y cuando lleves muchas, casi no tendrás que ensayarla.

La sonrisa, así como la naturalidad al hablar, están, como no, muy relacionadas con la sinceridad, con la convicción por parte de quien habla de que lo que dice es, al menos para él, algo en lo que realmente cree. De ahí que insista, una vez más, en la importancia de creer en cualquier mensaje que vayamos a comunicar. ¡Si creemos en lo que decimos, siempre nos será más fácil llegar a quienes nos escuchen!

Lo primero que debemos decir a nuestros interlocutores es cuánto tiempo nos va a llevar hablarles del tema a tratar, asegurándoles que, salvo imprevistos (no achacables a nosotros, por supuesto), finalizaremos a la hora prevista. Así tranquilizaremos a todos y, además, les haremos más receptivos a lo que pretendamos contarles.

En una charla reciente, empecé comentándoles a mis alumnos que, dada la importancia del tema del que hablaría (sostenibilidad medioambiental), mi exposición pasaría de los habituales 50 minutos a hora y media: ahí capte, realmente, su atención. Me miraron entre sorprendidos y angustiados (más bien esto último). Puse cara de extrañado, pregunté si no les habían informado del cambio, y... para no alargar su agonía, sonreí y les confirmé que acabaría a los 50 minutos (la felicidad se reflejó entonces en unos rostros ya aliviados).

Asimismo, en cualquier Introducción es esencial informar a la audiencia del objetivo u objetivos de su charla. Ese es el momento en que debemos mostrar más confianza. Se trata de trasladarles que nuestra intención es, al menos, convencerles de, por ejemplo, "la necesidad de adaptarnos a los fundamentos de la economía circular"[2] (por citar un tema actual relacionado con el medioambiente).

No queramos dar a entender con nuestras palabras que nuestro enfoque es el único válido, sino que planteemos nuestros razonamientos de forma tal que todo el que nos escuche sienta que están presentándole una opción, entre muchas otras posibles, que podría ser el planteamiento correcto, pero que no es, ni mucho menos, el único posible.

Contémosles, brevemente, cuáles serán esas 3-4 ideas sobre las que pivotará nuestra presentación y, si fuera posible (es cuanto menos deseable), apoyémonos en ideas, documentos o estudios de expertos (indicando, siempre que lo hagamos, la autoría de los mismos). De esa forma, nuestra audiencia observará que nos hemos preparado el tema concienzudamente, y eso les predispondrá a escucharnos con más atención.

2. La economía circular es aquella en la que el valor de los productos, los materiales y los recursos se mantienen en la economía durante el mayor tiempo posible, y en la que se reduce al mínimo la generación de residuos. Es decir, procurar maximizar los recursos disponibles, para que estos permanezcan el mayor tiempo posible en el ciclo productivo, aspirando a reducir todo lo posible la generación de residuos y a aprovechar al máximo aquellos cuya generación no se haya podido evitar.

Considero del todo necesario que lo que pretendamos transmitir llegue correctamente a quienes nos escuchen, de forma tal que capten, en toda su esencia, el contenido de nuestro mensaje.

Para ello, podríamos establecer otra regla de oro: ¡cada vez que intentes comunicarte, procura siempre emplear un lenguaje sencillo y claro, de forma tal que facilites la mejor comprensión de la mayoría de quienes te escuchen o lean!

No pretendamos querer impresionar a nuestros interlocutores con una retórica elevada (fruto de la soberbia que todos llevamos dentro y que nos empuja a querer destacar), sino que en cada ocasión intentemos emplear el lenguaje adecuado a quienes nos escuchen, de modo que facilite al máximo la comunicación y evitemos así posibles incomprensiones o malentendidos.

Recordemos siempre que el objetivo de cualquier charla o conversación en la que participemos no es quedar bien nosotros, ni que los demás vean lo mucho que sabemos sobre un tema, o lo bien que nos expresamos, sino que quienes nos escuchen entiendan claramente lo que hayamos querido transmitirles.

Es decir, cuando finalices tu exposición, no deberías pensar sólo en si *has quedado bien*, sino más bien en si de verdad consideras que has hecho todo lo posible para satisfacer las previsibles necesidades de que quienes te escuchaban, y si se te ha captado lo mejor posible.

A este respecto, te aconsejo que no pretendas hablar, ni escribir, de forma diferente a como habitualmente lo hagas, porque el resultado final será que, en cuanto te descuides, volverás a hablar y escribir como sueles y la diferencia se notará tanto, que quienes te escuchen o lean no te verán ya como una persona digna de su confianza[3].

---

3. Eclesiástico 1, 30: "No te ensalces a ti mismo, si no quieres caer y cubrirte de vergüenza, pues el Señor revelará sus deseos y te humillará delante de

Para eso, intentemos siempre adecuar nuestro lenguaje a nuestros interlocutores, siendo conscientes de que, si éstos son técnicos, nuestra comunicación también debería serlo, mientras que, si sus conocimientos son más limitados, tendríamos que emplear términos y conceptos más generalistas y de fácil comprensión. Es decir, adaptar cada charla a lo que la audiencia necesite... y pueda asimilar.

De ahí la importancia (reitero) de plantear una Introducción convincente. Si al esbozar el tema a tratar, conseguimos que quienes nos escuchen se sientan más involucrados desde nuestra aproximación inicial al mismo, habremos subido el primer peldaño en la consecución de nuestros objetivos.

Por el contrario, si en los primeros minutos de la charla, o en las primeras líneas de cualquier escrito no has *movido* las voluntades de tus interlocutores, te será mucho más difícil alcanzar esos objetivos propuestos.

la asamblea, porque no te has acercado al temor del Señor y tienes el corazón lleno de engaño".

Capítulo 4
El cuerpo

Es la parte principal de cualquier charla o escrito en la que desarrollamos, más detalladamente, nuestros planteamientos. Si bien no hay normas fijas sobre la extensión de la misma, podría servirnos de orientación el siguiente porcentaje: 80% del tiempo total concedido para la presentación, o de la extensión del texto escrito. Pero no te preocupes si empleas un 85% o un 87%, siempre y cuando, como se indicó anteriormente, reserves unos minutos o líneas (los que consideres suficientes) que te permitan resumir en tus conclusiones lo esencial de tu charla o escrito.

Suele ser frecuente, sobre todo en oradores y escritores noveles, que tienen tanto que dar, que siempre parece que les falta tiempo o espacio para poder ofrecer todo lo que quisieran.

Recordemos, una vez más, que nuestro objetivo no es abrumar a la audiencia con demasiada información, que con toda seguridad no retendrán, sino darles unas cuantas ideas (lo más relevante del tema en cuestión) que les ayuden a captar la esencia del mismo. No nos preocupemos: si lo haces así, te garantizo que esas ideas principales se les grabarán y, muy probablemente, quedarán con ganas de más.

Al inicio de la exposición del Cuerpo es donde debemos explicar, brevemente, las ideas principales que desarrollaremos en el mismo (esas pocas ideas de que hablamos), haciéndolo pausadamente, sin prisas, vocalizando bien, con el objetivo de que lo que pretendamos transmitir se nos entienda de la mejor forma posible.

Tengamos presente que, por regla general, al hablar en público tendemos a hacerlo más rápido que de ordinario, por lo que deberemos forzarnos a bajar nuestro ritmo... y a vocalizar mejor.

Recuerdo que, hace ya un tiempo, asistí a una charla en la que el orador se apoyó en una presentación audiovisual de... ¡82 transparencias! (el tiempo que tenía para impartirla era de 50 minutos). Puede imaginarse el *ritmo frenético* que impuso a la misma para poder acabar con todo lo que traía. Sí, finalizó en tiempo, pero no recuerdo nada de lo que nos contó, porque trató muchos temas, saltando rápidamente de uno a otro sin darnos oportunidad a que nosotros, su audiencia, asimiláramos lo que nos estaba contando. Conclusión: no consiguió ni tan siquiera convencernos.

¿Y qué podemos decir del **acento**? Pues que no debemos luchar por cambiarlo, ya que es una de nuestras señas de identidad, y eso, además, iría en contra de la naturalidad que todo buen comunicador debe practicar. No obstante, sí te animo a que (seas de donde fueres) te esfuerces por vocalizar correctamente y, aún más si cabe, cuando trates los puntos importantes de tu alocución.

Conclusión lógica: las prisas nunca son buenas consejeras, porque cuando hablamos rápido vocalizamos y entonamos peor, omitimos letras al final de las frases... y todo eso supone pérdidas en la recepción de nuestros mensajes. Y, si no nos entienden bien, no conseguiremos alcanzar nuestros objetivos.

Por ello es conveniente, de tanto en cuanto, preguntar a quienes nos escuchen si nos oyen con claridad, si se nos entiende, si creen que vamos muy rápido... o muy lento, si han captado éste o aquél concepto...

De igual modo, en los escritos es aconsejable proceder a hacer, cuando sea conveniente, resúmenes parciales que vayan aclarando y recordando las ideas expuestas hasta ese momento.

Por otra parte, no caigamos en el error de creer que todos los que nos escuchen o lean tienen sólidas nociones del tema que se está tratando (ni mucho menos que conocen la mayoría de las siglas que empleemos), por lo que: uno, no descendamos en exceso al detalle, y dos no abusemos del empleo de siglas, y siempre que tengamos que utilizarlas, expliquémoslas previamente.

Al hilo de esto, reitero la idea de que siempre es mejor una charla más generalista, que pueda ser entendida por un más amplio sector de la audiencia, que una charla técnica que tan sólo comprendan unos pocos.

Recordemos también que es en el Cuerpo donde haremos referencia a cifras, datos, informes… que, si no fueran nuestros, tendríamos forzosamente que hacer mención a sus autores. Lo mismo pasa con el tema del contenido audiovisual que emplees (¡ojo con el *copyright*![1]).

Como uno de nuestros objetivos es que la charla pivote en torno a unas pocas ideas, debemos procurar que todo nuestro argumentario vuelva, una y otra vez, aunque de diferentes modos, a las ideas principales. De esa forma, garantizaremos que nuestra audiencia se quede, al menos, con ellas.

En cuanto a **cómo organizar el Cuerpo** de cualquier charla o escrito, te apunto algunas sugerencias:

- Procuremos estructurar el tema de la forma más sencilla posible. Todos hemos asistido a charlas, o iniciado la lectu-

---

1. No emplees fotos que no sean tuyas o que hayas buscado al azar en internet, pues pueden tener derechos de autor y si no has solicitado permiso para utilizarlas, podrías encontrarte con una reclamación. Lo mejor, fotos tuyas, o sin derechos de autor.

ra de escritos, en los que ya el Índice de los mismos nos ha echado para atrás, pues veíamos que eran tantos puntos y tan complejos que nos hacían pensar que el contenido de la presentación o del escrito sería, cuanto menos, insufrible. Así pues, no asustemos de primeras a nuestra audiencia y regalémosles un Índice asequible y con la información justa (*ya entrarás más en harina,* después).

• Siempre es aconsejable que apoyemos cualquier disertación o escrito con el mayor número posible de ejemplos comprensibles (si no lo fueran, no los incluyas), pues eso ayuda, y mucho, a asentar las ideas principales.

• No presentemos un excesivo número de datos, fechas o números, pues no se retienen y fomentan la rápida desconexión. Sólo mencionemos los imprescindibles (sin bajar en exceso al detalle[2]) para asegurar la captación de nuestras ideas principales.

• Todo lo que no aporte, desechémoslo. No conviene hablar ni escribir acerca de cualquier información que no ayude a conseguir el objetivo previsto. Es decir, procuremos no incluir datos que sean irrelevantes o no aporten valor a la consecución de nuestros objetivos.

• Si queremos apoyar nuestras disertaciones con vídeos o imágenes (siempre recomendable, con cierta mesura claro), recordemos que la duración de los mismos debería ser reducida (no pretendemos hacer que un vídeo explique toda nuestra presentación, ¿no?). Deberíamos explicarlos antes de proyectarlos y, como consejo, incluyamos sólo aquel material audiovisual que sea realmente de interés para la

---

2. Si, por poner un ejemplo actual, debieras dar datos de la actividad global de la economía circular, no indiques 90.587, 21 Tn (cifra inventada), sino que mejor di "más de 90.000 Tn", que se recordará más fácilmente.

consecución del objetivo de nuestra charla (es decir, no incluyamos un vídeo o una fotografía tan sólo porque sean bonitos, y mucho menos sólo para alegrarles la vista y con ello distraerles, porque, una vez perdida la atención de nuestra audiencia, nos será muy difícil recuperarla).

• Ya se ha dicho que la extensión de cualquier charla o escrito siempre irá en función del tiempo o espacio que nos concedan, por lo que, consecuentemente, no podremos dar toda la información que quisiéramos.

Ello no es óbice para tener más material preparado con el que pudiéramos aportar información adicional o explicativa, para caso de que, por ejemplo, hubiésemos ido más rápidos de lo esperado y nos encontrásemos con que nos sobra tiempo antes del turno de preguntas.

En ese caso, si contásemos con esa información extra, podríamos ampliar un poco más, y así ajustarnos mejor al tiempo previsto.

Esto no nos ocurrirá con los escritos en los que, forzosamente, tendremos que ajustarnos a la extensión que nos hayan concedido.

Este razonamiento es igualmente aplicable en el caso de que, por la razón que fuere, hubiésemos ido más lentos de lo previsto y considerásemos que podríamos pasarnos de tiempo.

Deberíamos entonces saber qué información de la que nos quede por exponer podemos obviar, para así no excedernos del límite temporal que nos hubieran concedido, que no es aconsejable.

De ahí podemos deducir que siempre es aconsejable dejar para el final la información menos relevante, es decir aquella que, si no pudiéramos mencionarla por falta de tiempo, no afectaría a la captación esperada de nuestras ideas principales.

Para esos casos, es mejor poder pasar directamente de esas transparencias *prescindibles* a las conclusiones (con un *hipervínculo*, por ejemplo, que nos permitiera saltarlas sin tener que pasar una a una las mismas, y así evitar que quienes nos atiendan observaran falta de previsión por nuestra parte).

• Sobre estas últimas ideas, conviene ser consciente de que quien lea nuestros escritos no tiene la capacidad de *leer entre líneas*, ni de saber qué habremos querido decir con ésta o aquella expresión, por lo que es esencial que de la lectura de nuestras palabras se desprenda, exactamente, lo que con ellas hayamos pretendido decir.

Es decir, nunca esperemos que quien lea algo nuestro pueda saber que, con esas palabras, habíamos querido decir algo diferente a lo que se entiende de la simple lectura de las mismas.

De ahí la importancia de que, cuando nos sea posible, solicitemos a otra persona que lea previamente la transcripción de nuestra charla, así como cualquier escrito que tuviéramos que cursar, con el objetivo de comprobar si entienden realmente lo que quisimos decir, y no algo diferente o incompleto.

Si éste fuera el caso, agradezcamos la corrección que nos hayan indicado y procuremos hacer los cambios sugeridos (no nos obstinemos en que está bien. Seamos agradecidos, humildes... y prudentes).

En las charlas y disertaciones esto no suele pasar, siempre y cuando nuestras palabras vayan acompañadas de los gestos apropiados que las refuercen, pero el consejo es similar: quienes nos escuchen sólo juzgarán lo que les hayamos transmitido, sin pararse a pensar si tras nuestras palabras se encierra algo diferente al contenido de las mismas (la ironía, el sarcasmo, las reticencias..., si no se escenifican sin ambages, pueden dar lugar a malentendidos).

De ahí la importancia, una vez más, de que procuremos que todo lo que queramos transmitir pueda ser captado, sin margen de error, por la mayoría de quienes nos escuchen: es decir, empleemos frases comprensibles y un lenguaje apropiado, y apliquemos los gestos oportunos a cada palabra. Suele comentarse que el rostro de un buen jugador de póker ha de ser como una *máscara*, que no refleje sentimiento alguno del portador.

Pues en un buen comunicador debe ser completamente al contrario: nuestro rostro siempre debería reflejar nuestros sentimientos reales, pues esa es la mejor forma de que quienes nos escuchen puedan entender correctamente lo que queramos transmitirles.

- La mejor forma de evitar pasarse del tiempo o espacio concedidos es no divagar, y no contar más de lo que previamente habíamos preparado.

Si nos dejamos llevar de la emoción de creer que los tenemos cautivados (a muchos nos ha pasado... ¡que ingenuos somos a veces!), y pretendemos *alargar el planeo* un rato más, nos encontraremos con que nos hemos comido parte del tiempo de las conclusiones, y también del de las preguntas, si lo hubiera. De ahí que insista en que procuremos ceñirnos, exactamente, a lo previsto.

Me ha ocurrido en más de una ocasión que durante el transcurso de una charla, tras comentar un aspecto determinado de un tema concreto, me han venido a la cabeza nuevas ideas (no ensayadas previamente) y, a veces, me he dejado llevar del optimismo y las he comentado. El resultado siempre ha sido el mismo: he desajustado los tiempos previstos de mi presentación.

Conclusión: si tu preparación ha sido buena (que estoy seguro de ello), esas ideas felices de última hora que se te pudieran ocurrir ya sobre el estrado, no las necesitas para exponer completamente tu parecer, por lo que olvídalas y sigue adelante con lo previsto. No te dejes encandilar por esos *cantos de sirena* innecesarios.

- Finalmente, No pases del Cuerpo a las Conclusiones, como si tal cosa.

Al finalizar la exposición de nuestra parte principal de la charla, quedémonos unos segundos en silencio (bastará con dos o tres y, sí... otra vez, eso también debes ensayarlo), los suficientes para que la audiencia entienda que *cambiamos el tercio* (por hacer un símil taurino), y recordémosles que, a continuación, les reiteraremos lo más importante tratado. Por eso, *en las Conclusiones No se trata ningún tema nuevo*, sino que se recuerdan esas 3-4 ideas principales y lo esencial de nuestra presentación, *sin añadir nada de lo que no hubiéramos hablado previamente.*

Capítulo 5

Las conclusiones

Son la guinda de nuestro pastel, por lo que procuremos respetar siempre este consejo: ¡No acabemos ninguna de nuestras charlas ni escritos sin presentar adecuadamente las conclusiones de los mismos! Ya se comentó que son nuestra última oportunidad para influir en el ánimo de quienes nos escuchan y *moverles* (persuadirles) a aceptar nuestros planteamientos, por lo que siempre deberíamos dejar unos minutos (o el suficiente espacio al final de un texto) para exponer un breve resumen de lo más esencial que hayamos tratado, que eso, te recuerdo, son las conclusiones.

No hay fórmulas determinadas ni exclusivas para presentarlas, por lo que suelo aconsejar que utilicemos la que más nos convenza y más natural nos salga, o cualquier otra similar que nos guste. A continuación, te detallo algunos ejemplos de cómo podrías hacerlo:

- "Y, para finalizar, paso a remarcar las conclusiones más significativas de esta charla..."
- "A continuación, como resumen de lo tratado, expondré mis conclusiones principales..."
- "Y ahora, para que no os vayáis sin un adecuado recordatorio de lo más importante tratado, procedo a recordaros las conclusiones más significativas..."

O, como dije antes, cualquier otra fórmula similar que se te ocurra, tras esos segundos de silencio previos para anunciarlas, en la que la única palabra imprescindible es: conclusiones. Lo mejor es que esa presentación de nuestras conclusiones la hagamos de una forma muy visual.

Recordemos nuestras 3-4 ideas esenciales tratadas, reflejándolas en líneas con poco texto (no olvidemos que, si obligamos a leer mucho, haremos que, por una parte, dejen de atendernos y, por otra, les cansaremos). Este breve esquema podría servirnos como orientación:

- Sólo recordar lo esencial de la charla
- Unas pocas líneas en total
- Una sola línea por punto
- Frases cortas, que se queden:
  - o "La Economía Circular ha venido para quedarse"
- Colores que se vean bien
- Sólo cifras o datos imprescindibles:
  - o "En 2030 la Economía Circular supondrá un 80% de la global"

Puesto que nuestro objetivo es que se les queden grabadas esas ideas principales, huyamos de textos largos, para evitar que nuestra audiencia tenga que leerlos, en vez de prestarnos atención.

Y, ya que es nuestro momento de recordarles lo esencial (nuestras 3-4 ideas), aprovechemos para recalcarlas, deteniéndonos brevemente en cada una de ellas.

Como ya comenté, es importante que procuremos exponer nuestras conclusiones de pie frente a nuestro público, siempre que tengamos esa posibilidad.

Al terminar de exponer nuestras conclusiones, no olvidemos agradecer a nuestro público la atención prestada con la fórmula que más nos guste, siempre y cuando reconozcamos a todos su atenta escucha y asistencia. A continuación, si fuera el caso, recordémosles que, desde ese mismo instante, estamos abiertos a contestar sus preguntas.

Una vez finalizado el tiempo de las conclusiones, es cuando se iniciaría el **turno de preguntas**, para lo cual apunto a continuación algunas **ideas prácticas en cuanto a cómo afrontarlo**:

• Apuntemos siempre las preguntas que nos hagan: no nos fiemos de nuestra memoria, porque en muchas ocasiones, quien pregunte podría hacer dos o más a la vez y, si no las escribimos, responderemos a la primera y tendremos después que preguntar a nuestro interlocutor por la segunda... y tercera...

• Una vez anotada o anotadas, si fueran varias, confirmemos con quien nos pregunte el contenido de su cuestión, tanto para comprobar que la hemos entendido, como para asegurarnos de qué ha querido decir exactamente quien nos la formulado.

• Si no conocemos la respuesta, tenemos dos opciones:

o La primera es convenir con quien nos haya preguntado en que le responderemos, de modo particular, en cuanto tengamos la información pertinente. Procuremos no inventar si no sabemos, pues siempre es mejor reconocer que desconocemos algo, que querer salir airosos con respuestas incorrectas o divagaciones que no vengan al caso.

o La segunda es ofrecer a algún experto de entre el público la posibilidad de que le respondan, siempre y cuando no se obligue a nadie a hacerlo (por no ponerle en un compromiso).

No obstante, si no conocemos al experto que podría responder, nos arriesgamos a que su respuesta no fuera apropiada o se pasara de tiempo... por lo que consideremos seriamente la primera opción.

- Seamos breves en nuestras respuestas. Primero porque si nos extendemos quitaremos tiempo para otras posibles preguntas, y segundo porque cuanto más hablemos, más posibilidades hay de que nos confundamos (esto es otro axioma, sigámoslo). Además, si lo hacemos así, dejaremos tiempo para que otras personas también intervengan.

- Agradezcamos siempre a quienes nos pregunten y, una vez respondido, preguntémosle si con nuestra respuesta hemos resuelto su inquietud. Si no hubiera sido así, procuremos dar otro enfoque a sus inquietudes.

- Y, al finalizar el turno de preguntas, no corramos rápidamente hacia la salida (ni pongamos esa cara de alivio de quien ha pasado por un *purgatorio*, y acaba de salir): esperemos a que la gente empiece a levantarse y, después, sin prisas (ya con nuestro objetivo cumplido), abandonemos tranquilamente el escenario... y sonriamos.

Capítulo 6
El tiempo

Soy consciente de que, cada día que pasa, disponemos de menos tiempo, pues todos estamos permanentemente ocupados atendiendo las mil y una tareas que la vida nos demanda. Además, esa inmediatez en la tecnología que profusamente empleamos[1], hace que cada vez tengamos menos ocasiones para relacionarnos con quienes, nos demos cuenta o no, nos rodean.

Consecuencia directa de esa falta de tiempo que todos padecemos, es que estamos perdiendo mucha capacidad de comunicación, tanto oral como escrita, por lo que considero muy necesario que, ya sea manualmente (¡qué poquita gente escribe a mano últimamente!, ¿no?), o a través del correcto empleo de todas las ventajas que la tecnología nos aporta, sepamos cómo transmitir adecuadamente mensajes entendibles, de forma oral y también escrita.

Recuerda que, generalmente, no podrás disponer de amplios periodos de tiempo para exponer todo tu conocimiento a los demás.

---

1. El tiempo que diariamente pasamos frente al móvil u otros aparatos electrónicos excede de las 6 horas de media... y va constantemente en aumento.

De hecho, si cualquier exposición se extiende por más de cincuenta minutos, cuesta mucho mantener la atención de la audiencia, por lo que, acéptame el consejo de que *toda presentación debería ser corta y enseñar mucho* (de ahí que insista, una y otra vez, en que debas prepararla concienzudamente para incluir sólo lo justo y necesario, obviando lo superfluo y todo aquello que no contribuya a alcanzar los objetivos que te hayas propuesto).

Es siempre recomendable, como ya se ha indicado, que se queden con ganas de más, a que acaben desconectando antes de tiempo, pues "lo bueno, si breve..."

Otra regla de oro que recordar: ¡Ajústate siempre al tiempo que te hayan dado para cualquier presentación! Eso, necesariamente, nos obligará a preparar cada charla que nos toque impartir o escrito que debamos cursar, de la mejor forma posible, repartiendo adecuadamente el tiempo para poder introducirlos, desarrollarlos y concluirlos (acordémonos de los aconsejables porcentajes de 10/80/10).

Empleemos reloj, móvil o cualquier otro elemento que nos ayude a ajustarnos a los tiempos concedidos, pero no caigamos en el error de mirarlos continuamente, pues eso demostraría falta de preparación, por una parte y, por otra, ansiedad por finalizar.

He observado a muchos buenos oradores que, haciendo caso omiso de este consejo, se han visto sorprendidos por la hora y no han podido acabar de explicar sus ideas, ni concluir adecuadamente, con lo cual, no han alcanzado sus objetivos.

No obstante, a veces podría sucedernos que, pese a haber realizado una buena preparación, nos encontrásemos con imprevistos que nos obligaran a tener que acortar o extender nuestras charlas (piensa, por ejemplo, en un fallo informático, o en un apagón, por citar sólo dos supuestos, que provocasen que el inicio de nuestra charla se alargara, o que tuviésemos que terminarla antes).

Si nos encontrásemos con alguna de esas circunstancias, deberíamos tener previsto qué información de la que pensábamos trasladar a la audiencia podríamos quitar o cuál añadir, según fuera el caso.

Igualmente, puede haber ocasiones en las que formemos parte de un panel (u otro formato similar) y que el orador que nos antecede se haya extendido y nos haya quitado tiempo, o que el que nos suceda llegue más tarde y eso nos obligue a continuar hasta que se presente.

En todos esos casos, tendríamos que procurar saber adaptarnos (¿recuerdas aquello de la flexibilidad?), lo cual, como ya se ha indicado tantas veces, también hay que preverlo y, por supuesto, prepararlo.

Para poder ajustarnos al tiempo, recordemos que no debemos añadir más información de la que hayamos previsto (ten presente que a veces, mientras hablamos, pueden venirnos a la memoria otras ideas o comentarios, que nos parece podrían venir al caso: no caigamos en esa tentación y sigamos con lo previsto, pues así nos garantizaremos acabar en el tiempo concedido).

Además, si esas ideas no se te ocurrieron durante tu concienzuda preparación, muy probablemente (casi seguro) no serán esenciales.

Por tanto, procuremos no divagar, ni irnos por los *cerros de Úbeda*. Evitemos también entrar en disquisiciones que no vengan al caso, pues todo eso será tiempo que quitaremos de aspectos más importantes y previamente ensayados.

No olvidemos que si finalizamos un poco antes de tiempo la audiencia siempre nos lo agradecerá, mientras que si lo hacemos unos minutos después… no lo harán.

Algunos comunicadores con poca experiencia caen en el error de querer transmitir todo su mensaje sin respetar los tiempos concedidos, por lo que ajustan la duración de sus exposiciones a *en-*

cajar en las mismas todo aquello que consideran que deben decir, sin importarles si se exceden o no del tiempo de que disponían.

Desde mi punto de vista, una vez más, considero imprescindible que procuremos siempre ajustarnos a los plazos que nos hayan concedido, y las razones son, esencialmente, dos: **Primera**: por respeto hacia quienes nos escuchen. Si han acudido a oírnos durante 50 minutos y les entretenemos (o eso suponemos) hablando durante 70 porque, equivocadamente, creemos que les interesará más lo que tengamos que decirles que lo que ellos tuvieran pensado hacer luego, les mostraremos poco respeto y les estaremos robando su tiempo, que es oro y, además, no es nuestro.

Segunda: si, por imprevisión o falta de preparación, acabásemos mucho antes de lo previsto, tampoco les tendríamos en la consideración adecuada, puesto que nuestros interlocutores bien merecen recibir aquello que esperaban y, por eso, cada orador debe procurar ajustarse siempre a lo previsto.

Conclusión: ajustarse al tiempo concedido es necesario para continuar ganándonos el respeto de quienes nos escuchan.

Para ello, una vez más, insisto en que prepares exhaustivamente los temas de que hablarás.

La única licencia que deberíamos permitirnos, en cuanto al tiempo se refiere, es acabar un poco antes de lo previsto, para dejar que quienes nos escuchen pudieran resolver las dudas que nuestra exposición haya podido plantear, o para explicar mejor ciertos puntos de la misma que pudieran haber quedado incompletos.

Siempre agradecerán más que acabemos unos minutos antes, a que nos pasemos unos pocos, pues lo bueno, si se alarga, pasa de ser agradable… a ser pesado.

Quien tiene previsto dedicarnos 50 minutos, cuando han transcurrido 45 ya espera que vayamos concluyendo. Además, si nos excedemos de lo previsto, la atención de quienes nos escuchan decaerá y pasarán de atendernos con interés a pensar en sus cosas, esperando con ansiedad que terminemos (sin prestar atención a nada, salvo a su reloj o a su móvil), por lo que no les motivaremos, que debe ser, siempre, nuestro objetivo principal.

A veces, erróneamente las más de ellas, podemos llegar a creernos que somos unos grandes oradores, y podríamos dejarnos tentar por la falsa impresión de creer que quienes nos atiendan estarán encantados de seguir haciéndolo, todo el tiempo que queramos. Desechemos esa falsa creencia, apoyada sólo en una opinión del todo subjetiva y nada imparcial, y recordemos que siempre será mejor que se queden con más ganas de nosotros, a que se aburran por tenernos en exceso.

Es algo con lo que cualquier comunicador, por experto que sea, tendrá que contar siempre.

Los nervios invariablemente estarán ahí porque, en primer lugar, somos humanos y nos da cierto reparo lo que puedan pensar de nosotros y, en segundo, porque sentimos respeto (o deberíamos sentirlo) hacia quienes nos atienden y no queremos defraudarles (siempre hay que respetar a quienes nos escuchan o leen, pues si se les quiere, que es lo mismo que decir que nos importan, nos sentiremos empujados a querer satisfacer sus necesidades, que es, a su vez, la mejor forma de motivarles).

Sea cual fuere la causa que nos provoque estar nerviosos: ¡no te preocupes!

Partimos de la premisa indiscutible de que siempre hay un cierto respeto a hablar en público, porque todos tenemos un innegable miedo al qué dirán, a confundirnos, o a hacer el ridículo (los tres supuestos suelen coincidir en la mayoría de los casos).

Si tienes miedo al qué dirán, no te preocupes, pues eso puedes evitarlo habiéndote preparado todo lo mejor posible, puesto que así saldrás más confiado en que has dado todo por tu parte... y quien ofrece todo lo que tiene, no está obligado a más.

Por otra parte, te aseguro que cualquier audiencia reconoce y agradece el esfuerzo que hace quien sale a hablarles debidamente preparado.

Si tu preocupación fuese por si te confundirás, quédate también tranquilo porque eso pasa siempre: todos nos confundimos (y más... cuanto más hablamos) y es como en el día a día, que caemos y nos levantamos.

Lo importante es levantarse siempre, y no dejar que esas pequeñas caídas nos afecten más de lo que debieran. Piense en cualquier niño que sufre una leve caída: se levanta, se quita el polvo y continúa. Si te confundes y te dieras cuenta, rectifica en el momento y olvídalo, pues si no lo hicieras te encontrarías dándole vueltas a ese error durante algún tiempo y eso podría descentrarte.

Y, finalmente, si tu miedo fuera a hacer el ridículo, insisto en que, si te has preparado adecuadamente, eso nunca pasará, porque una buena preparación te otorgará la confianza y el saber necesarios, que te proporcionarán la seguridad de que tú eres el experto, en el convencimiento de que quienes te atiendan sabrán, sin duda, mucho menos del tema en cuestión que tú.

No obstante, te confirmo que ese miedo escénico nunca pasa del todo, porque todo buen comunicador debe sentir respeto hacia quienes le escuchen, lo que nos conduce una vez más a otro de mis *mantras*: el respeto que debemos siempre a nuestros interlocutores nos obligará a preparar bien cualquier intervención y nos impulsará a no querer defraudarles.

Porque, si no sentimos respeto por quienes nos escuchan o leen... jamás seremos buenos comunicadores.

Por otra parte, cuenta con que quienes te escuchen ya saben que estarás algo nervioso (ellos lo estarían en su caso) y, por tanto, no empieces nunca tus charlas diciendo aquello de: "perdonadme, pero es que estoy nervioso".

Bueno, ¿y cómo combatir esos nervios? ¿Quién no ha oído alguna vez aquello de "si estás nervioso, lo mejor es una copita o un sedante suave"? Pues, ni caso: ¡Nunca recurras al alcohol, ni a los sedantes antes de hablar en público!

El alcohol, lejos de animarnos y quitarnos los nervios, lo que hace es ralentizar nuestras acciones, relajar nuestra psique y hacer que nuestra lengua parezca más un estropajo que un músculo sano, por lo que esa falsa sensación de seguridad que creemos que nos aportará se traducirá en palabras poco comprensibles, pronunciación defectuosa y pobre concatenación de ideas, con lo que nos alejará de la consecución de nuestros objetivos. Igualmente reza para los sedantes, por lo que tampoco los tomes.

¿Qué hacer entonces? Confiemos en nuestra preparación y quedémonos tranquilos, pues todos hemos sufrido, sufrimos y sufriremos esto de los nervios y la forma más adecuada de superarlos reside en prepararnos lo mejor posible para cada charla que vayamos a impartir.

Ten presente que tú eres el experto, que te has preocupado de informarte debidamente sobre lo que vas a hablar y que, a pesar de esos nervios, serás sobradamente capaz de disertar sobre ello.

En conclusión: lo harás bien, si te has preparado bien. Acuérdate del símil de hablar, por ejemplo, de tus hijos o nietos, de tu equipo de fútbol, de tu afición favorita… o de cualquier otro tema que te apasione. Si eres capaz de apasionarte con lo que vas a decir, si lo vives, olvidarás (temporalmente al menos) que estás nervioso y serás, sin duda, capaz de desenvolverte eficientemente, seguro.

Pero no caigas en el error de creer que, si hablas más rápido, todo pasará antes. Es una equivocación de principiantes pensar que hablando con mayor ritmo el mal trago pasará más rápido y el final llegará antes, porque primero te confundirás más, segundo olvidarás aspectos previamente ensayados y, tercero, te entenderán peor.

Más bien al contrario, lo mejor para calmar tus nervios es forzarte a hablar más despacio, vocalizar mejor y respirar sosegadamente. De esa forma te captarán mejor, te oirás aún mejor y eso te animará a continuar un poco más relajadamente. ¿Cuándo pasa esto de los nervios? Tienes dos respuestas: una buena y otra menos buena (que no mala). La menos buena es que nunca se pasan, y la buena es que conforme vayas dando más charlas, mejor sabrás gestionarlos. ¡Quédate con las dos, pues ambas son importantes! El día que no sientas nervios al tener que hablar en público, será que o bien no te importan quienes te escuchan (lo cual no es aconsejable, ni justo), o que el tema a tratar ni te interesa, ni te apasiona, lo que tampoco te ayudará a conseguir tus objetivos. Por tanto, es mejor evitar estas dos últimas opciones.

Capítulo 8

El auditorio

Al preparar cualquier charla es imprescindible conocer, de antemano a ser posible, dónde hablaremos y con qué medios contaremos para ello.

Sé que muchas veces no nos será posible hacer una visita previa al lugar en que hablaremos, pero ello no es óbice para informarnos acerca de estos aspectos con personal de la organización que nos haya invitado.

El objetivo es claro: si sabemos en qué espacio hablaremos y con qué medios contaremos, podremos ensayar previamente con esos medios y formato que nos exijan, por lo que es aconsejable conocerlo con anterioridad.

Evidentemente, no es igual hablar delante de 5 personas que de 100, por poner unas cifras. Igualmente, no es lo mismo hacerlo ante una clase de 20 alumnos de primaria, que delante de 200 universitarios en un paraninfo. Ni lo es tampoco hacerlo al aire libre, que en cualquier recinto cerrado.

Primero por la idea de proximidad. Desde mi punto de vista, si fuera posible, lo mejor siempre es intentar fomentar la cercanía con quienes nos escuchen.

Si pudiéramos pasear entre ellos, eso facilitaría la ruptura de distancias entre el comunicador y quienes le atienden, lo que haría que nuestro público nos viera como alguien más cercano y eso, sin duda, redundaría en un sustancioso incremento de las posibilidades de alcanzar nuestros objetivos.

No obstante, salvo en formato de clases en la Enseñanza, esto no suele ser posible, y lo más habitual es que el comunicador esté en un estrado alejado, relativamente, de quienes le escuchan.

Luego está el tema de cómo nos coloquen para hablar. No es igual hablar sentado detrás de una mesa, que hacerlo de pie tras un atril, o sin tener ningún elemento de separación ante el público.

Los oradores noveles suelen preferir las mesas en primer lugar, pues les confieren cierta sensación de seguridad. A continuación, los atriles, pues en cierto modo los consideran como otra barrera que los protege frente al público y, finalmente, como muchos otros, temen tener que salir sin protección alguna ante quienes les vayan a escuchar.

Hablemos de estas tres opciones (si bien hay muchos otros formatos, como las mesas redondas, seminarios, paneles…, en los que no me detendré ahora).

1. **Hablar tras una mesa.** Desde mi punto de vista es, por varias razones, la opción más incómoda.

Primero: no nos permite movernos libremente por el estrado, lo cual limita nuestra capacidad de comunicación no verbal.

Segundo: hay mesas que tienen delante un faldón que cubre nuestras piernas a la vista del público, pero hay otras sin esa protección que facilitan la completa visión de las mismas.

Recuerda que, si este último fuera el caso, todos los movimientos que hagas serán observados por la audiencia, por lo que procura no mover mucho tus piernas y, si llevases falda, ten precaución al cruzarlas o abrirlas.

No obstante, si tuvieras que hablar tras una mesa, recuerda que aún tiene libres las manos y que éstas pueden y deben acompañar a tus palabras[1]. Consecuentemente, procura liberarlas cuando sea oportuno para que puedan hacer los gestos de apoyo pertinentes.

2. **Hablar tras un atril** es la segunda opción favorita de los comunicadores noveles, pues también les ofrece un parapeto ante el público, pero, al igual que ocurre con las mesas, hay atriles que tan sólo consisten en un ligero armazón que no nos cubrirá las piernas, por lo que también deberemos procurar ser cuidadosos con los movimientos que hagamos con ellas.

Todo esto viene al caso de que, por una parte, no hay que distraer al público con movimientos que no apoyen la charla que estemos dando, y por otra, porque si creemos que quienes nos escuchen están más pendientes de nuestras piernas que de nosotros, eso nos hará perder la concentración y nos alejará de la consecución de nuestros objetivos.

Desde mi punto de vista, hablar tras un atril es una opción más aconsejable que hacerlo sentado detrás de una mesa. Primero porque nos posibilita que podamos dejar nuestro discurso escrito en él (por si tuviéramos que acudir al mismo en cualquier momento).

Quizás pienses que lo mismo se puede hacer en una mesa, y tienes razón, pero la mesa no nos ofrece la misma versatilidad que el atril y al leer tras ella se nota aún más que lo hacemos, cuando el objetivo, para llegar mejor al público,

---

1. Ya se ha comentado la importancia de que con nuestros gestos apoyemos siempre el discurso que estemos impartiendo, que en ello reside la esencia del *lenguaje no verbal*.

es que éstos piensen que leemos lo mínimo posible (leer, te pongas como te pongas, no llega igual que hablar sin hacerlo, y eso no admite discusión alguna).

Ya se recordó la importancia de escribir siempre nuestras presentaciones desde el principio hasta el fin, y de tener ese texto a mano (por si la memoria nos fallara, que suele ocurrir. Si ese fuera el caso, no tengamos ningún reparo en acudir a ese texto y apoyarnos en él hasta que recuperemos el hilo de la charla).

También recordarás que comentamos que la excelencia para cualquier buen comunicador reside en que, él o ella, sean capaces de hacer que todos los que les escuchen crean que su discurso es espontáneo y natural.

Por eso insisto en que siempre llevemos con nosotros nuestro discurso escrito, porque así estaremos más tranquilos al pensar que, si nos *quedáramos en blanco*, tendríamos donde acudir para poder seguir adelante.

Recuerdo una vez, siendo un joven capitán, que realizando una práctica de comunicación oral, me quedé completamente en blanco. No recordaba cómo continuar y el silencio y la mirada tremendamente inquisitiva de mis tutores (que añadía más presión, si cabe), me impedían reaccionar. No tenía escritas las conclusiones de lo que estaba presentando y, pese a mis esfuerzos, no pude acabar bien la práctica… vamos que la suspendí. Desde entonces, siempre escribo y llevo conmigo todo lo que pretendo transmitir (cada vez procuro leer menos, pero tengo la tranquilidad de que, si algo se me escapara, tendría dónde acudir para poder continuar).

Segundo, el atril tiene otra ventaja sobre la mesa y es que nos permite movernos, al menos un poco, por el escenario en el que estemos situados.

Esto es aún más necesario si la duración de la charla es amplia, porque evitará que nos quedemos anquilosados y, además, mejorará la sensación de cercanía con la audiencia que, como ya se indicó, es siempre deseable.

Por supuesto, hablar con un atril como respaldo nos permite la posibilidad de hacerlo apoyados tras él (procura no agarrarlo con demasiada fuerza, o prodigarte en posturas poco ortodoxas), o utilizarlo sólo para cuando tuvieras que leer citas textuales, si fuera el caso. De cualquier forma, disponer de atril ayuda, y mucho, a tranquilizarnos.

3. **Hablar ante quienes nos escuchen sin protecciones**: Reconozco que no es la mejor forma para que un comunicador novel se estrene en sus presentaciones, pero, como ya se indicó anteriormente, las más de las veces no podremos elegir cómo hablar, por lo que hay que adaptarse a lo que nos impongan (la flexibilidad de la que debemos hacer gala, y que ya comentamos).

Por otra parte, hablar sin obstáculos entre emisor y receptor es una excelente forma de potenciar la cercanía con quienes nos escuchen, lo que, a su vez, nos ayudará en la consecución de los objetivos previstos.

Además, al no recluirnos tras parapeto alguno, podremos emplear todo nuestro cuerpo para reforzar el mensaje que transmitamos, es decir, potenciaremos aún más el empleo de la *comunicación no verbal*.

No obstante, si nos tocara hablar en un escenario *sin barreras*, deberíamos recordar lo siguiente:

* Pongamos el máximo cuidado en que nuestra indumentaria sea la más adecuada a la situación, por aquello de que *la primera impresión es la que cuenta*, y porque si todos los asistentes, por poner un ejemplo, van de etiqueta y aparecemos ataviados informalmente, estaremos fuera de lugar.

Es decir, informémonos previamente de cómo se prevé que asistirá la audiencia y vistámonos en consecuencia.

Vestirse de forma adecuada se aplica, igualmente, para los casos de tener que hablar tras una mesa o un atril, o cualquier otro formato que se trate, pues siempre hay que adaptarse a la situación y al entorno en que nos toque *actuar*.

- No es aconsejable que llevemos nuestro discurso en las manos todo el tiempo de la charla, porque eso limitaría el empleo de las mismas para reforzar el sentido de nuestras palabras.

  Además, correríamos el serio riesgo de acabar estrujando las hojas, de que se nos caigan o de que tiemblen (reflejando los nervios de su portador). Por tanto, no olvidemos dejarlo en el atril (conforme vayas dando más charlas, cada vez necesitarás menos acudir a él).

- Si puedes, elige la opción de llevar un micro adaptado, es decir no cojas un micrófono en la mano, por la misma razón anterior.

  El problema general de los micrófonos de mano es que, frecuentemente, olvidamos que los llevamos y cuando gesticulamos con las manos (lo más normal) los apartamos de la boca y, consecuentemente, no se nos oye.

  Por tanto, si tuvieras que llevar uno de ellos, recuerda posicionarlo siempre cerca de tu boca para que se te oiga, y no olvides que aún te queda una mano libre con la que poder apoyar con gestos lo que digas (y sí, has acertado... eso también hay que ensayarlo previamente).

- Es aconsejable que, en cuanto salgamos al escenario en el que tengamos que hablar, observemos con detenimiento cómo se estructura la superficie en la que disertaremos, a fin de podernos mover libremente por ella, sin tener que preocuparnos de si hay un escalón aquí, un cable allá...

Es decir, hagámonos un plano mental de los posibles obstáculos al movimiento para que, cuando nos desplacemos, podamos hacerlo libremente sin riesgo de caídas, colisiones o traspiés (que eso sería un serio hándicap en el desarrollo de nuestra charla), porque debemos mirar a nuestro público... no al suelo.

• Recordemos que durante cada charla deberíamos repartir nuestra mirada por todo el auditorio, procurando que nadie se quedase sin ser observado, pues así les haremos sentirse partícipes, y eso nos facilitará la consecución de los objetivos.

A este respecto, recuerdo que en varias charlas practiqué el experimento de hablar dirigiendo mi mirada tan sólo a un sector de mi clase.

Al terminar, preguntaba al *lado observado* por cómo había transcurrido la charla y el resultado (sin exageraciones) solía ser bueno. En cambio, al preguntar a los integrantes del *lado olvidado*, todos coincidían en que la clase no les había convencido. De ahí la importancia de que paseemos la mirada entre todo nuestro público para que todos se sientan importantes (que lo son).

En resumen, hablar sin barreras ante cualquier público tiene ventajas e inconvenientes, pero, como ya se ha indicado, para conseguir alcanzar nuestros objetivos, cualquier comunicador debe adaptarse a la situación que le toque en cada charla, procurando sacar el máximo rendimiento de las circunstancias en las que tenga que desenvolverse (¿recuerdas aquello de la flexibilidad?).

Capítulo 9

Nuestra audiencia

Primer consejo: siempre que cambie tu audiencia... modifica tu discurso.

Ya se ha dicho, pero considero importante recalcar que no es lo mismo hablar delante de familiares (incondicionales seguidores, casi siempre, aunque a veces nos cueste *estimularles algo* para ello), que hacerlo ante nuestros jefes, o fuera del ámbito de trabajo. Cambia el entorno, cambia la situación y cambian quienes nos escuchan... luego, consecuentemente, debería cambiar nuestra charla.

No cometas el error de creer que lo que te ha valido ante un determinado grupo de personas, te será igualmente válido ante otro diferente.

He visto a muchos excelentes profesionales que impartían magníficas charlas en un determinado contexto y que, cuando éste cambiaba, si no se habían preocupado en adaptarse a dichos cambios, el resultado era bastante mejorable.

Si bien, como podrás suponer, no siempre te será posible saber ante qué personas tendrás que hablar, quizás estas pautas generales te ayuden a prepararte para llegar mejor ante la mayoría de audiencias posibles:

- Cada nueva charla, prepara una nueva presentación y actualízala siempre. No quiero decir que debamos inventar
  nada nuevo (si no lo hubiera), sino que tenemos que adecuar cada nueva charla a la nueva audiencia, al entorno y
  a la situación temporal, aunque fuera de temas que ya hubieses tratado previamente (ya sabes que lo que hace unas
  horas era noticia de rabiosa actualidad, en pocas más deja
  de ser TT-*trending topic*[1]).

- No te conformes con presentar datos no actualizados o
  no contrastados. Si no dispusieras de la información más
  reciente, trasládales la última disponible y comprométe-
  te a informarles de las actualizaciones en cuanto tengas
  acceso a ellas. No ofrezcas nunca información que no
  hayas contrastado debidamente, pues muy seguramente
  entre quienes te escuchen habrá expertos que podrían
  rebatir esas ideas no confirmadas fehacientemente. Además, la posibilidad casi instantánea de comprobar todo
  en la red hace que si lo que digas no es cierto, quienes te
  atiendan puedan atribuir tu inexactitud a falta de preparación o desidia, lo que, por supuesto, no te ayudaría
  en el objetivo de persuadirles y tu credibilidad perdería
  enteros.

- La inmediatez del mundo en que vivimos hace que nos
  movamos rápidamente de un asunto a otro, por lo que
  toda noticia perdura en la memoria hasta que, en breve,
  llega la siguiente y la desplaza. De ahí puede concluirse
  que tanto la capacidad de retención de cualquier audiencia como su atención son limitadas, por lo que, insisto: es

---

1. *Trending Topic* (tendencia, tema de tendencia o tema del momento en
español, y TT en forma abreviada), una de las palabras o frases más repetidas
en las redes sociales.

mejor plantear sólo unas pocas ideas, desarrollarlas y, al final... recalcarlas.

• No sobrecargues a tus interlocutores con excesivos datos, que casi seguro no retendrán, por lo que no incluyas en tus charlas nada que no contribuya a los objetivos esenciales de las mismas. Ten presente que no es conveniente hacer que la audiencia deba pensar o trabajar en exceso mientras nos atienden, sino que lo mejor es darles todo tan *trillado*, que se vean casi obligados a aceptar total o parcialmente nuestros planteamientos.

• Por otra parte, las charlas impersonales o excesivamente genéricas tampoco atraen, por lo que deberías procurar personalizar cada una de tus disertaciones, intentando hacer partícipe a la mayoría de la audiencia de lo que quieras transmitir. ¿En qué consiste personalizar una charla? En convencer a quienes nos atiendan de que todo lo que están escuchando (o la mayoría de ello) es una forma totalmente particular (y novedosa, a ser posible) de presentar el tema que fuere. Para esto no conozco reglas fijas, pero no te quepa duda de que, si pones pasión en su discurso, si vives realmente lo que estás diciendo, si aplicas todas las reglas del lenguaje no verbal a cada una de tus charlas... el resultado será siempre novedoso y atractivo, cuanto menos.

Recuerdo a un alumno que en el transcurso de un ejercicio de expresión oral no podía evitar que los nervios se le reflejaran, y mucho, en el movimiento de las hojas que estaba leyendo. La práctica consistía en relatar, en cinco minutos, lo más relevante de su vida personal, familiar y profesional (¿quién no podría estar hablando durante mucho más tiempo sobre lo suyo?).

Le recomendé que se tranquilizase, que olvidara el papel y que, puesto que estaba contándonos su vida, lo hiciese a viva voz y sin apoyarse en la lectura, ya que cuando uno habla de lo suyo (de sus vivencias), es más fácil *aparcar* temporalmente los nervios.

Al finalizar, me contó que no entendía cómo se había puesto tan nervioso, ya que él ejercía como abogado fuera del trabajo y tenía, frecuentemente, que hablar ante personal de la Judicatura. Le respondí que era normal, ya que cuando cambia el entorno, la situación y las personas a las que te diriges, si no te has preparado adecuadamente, el resultado puede ser bastante diferente del deseado (mejoró mucho en las siguientes charlas).

De esta anécdota puede concluirse que, aunque la experiencia previa siempre ayuda, con eso sólo no basta si cambian las circunstancias en que se desarrollará nuestra charla y no nos hemos preparado adecuadamente para ello.

Consecuentemente, una vez más (ya me perdonarás): prepara siempre todas sus charlas y, a ser posible, cada una de forma distinta a la anterior.

No caigas nunca en el error de suponer que quienes te escuchan son completamente neófitos en el tema del que estés hablando, porque, aunque tú puedas ser un experto, quizás haya otros muchos entre la audiencia, e incluso autoridades en la materia de que se trate, por lo que, insisto, prepárate siempre de la mejor forma posible (nunca te arrepentirás de ese tiempo bien invertido).

Si te tocara, por ejemplo, ofrecer un ciclo de conferencias durante varios días en un seminario, tampoco cometas el error de repetir la misma charla, día tras día.

Varía siempre tu introducción, cambia algunas de las anécdotas que contaste, presenta los puntos esenciales dándoles un nuevo enfoque y modifica, al menos, el orden de tu índice y la forma en que presentes las conclusiones, de modo que, si hubiera repetidores en tus charlas, éstos observaran ciertas novedades en las mismas.

El objetivo, como siempre, es ganarnos a la audiencia, por lo que debemos adaptarnos a ella. Nadie quiere ir a escuchar la misma charla dos veces, por lo que es conveniente que siempre reciba algo nuevo de quien le habla.

Para ello, para empezar a ganarnos a la audiencia, es esencial que la presentación de nuestra charla, la Introducción, sea lo más atractiva posible.

En la medida de lo posible, procura durante esos primeros minutos hacer partícipes a todos tus interlocutores, de forma que, como toca, sientan que ellos son los realmente importantes.

Pregúntales, de vez en cuando, si ven comprensible lo que les estás contando, o si tienen dificultades para comprender alguno de los conceptos explicados.

Acéptame este consejo: procura mostrarte siempre completamente seguro de todo lo que digas (para ello, aparte de aplicar esa pasión de la que tanto venimos hablando, es imprescindible que realmente creas en todo lo que dices, para lo que previamente deberías haberte documentado acerca de ello todo lo mejor posible).

Si dudas al hablar, tus gestos lo delatarán y quienes te escuchen sabrán que no estás convencido de lo que dices, con lo que ellos tampoco lo creerán.

Por último, procura dejar siempre opción a quienes te escuchen de que puedan consultarte las dudas que tu charla hubiera podido plantear... pero mejor al terminar tu charla.

Capítulo 10
La posición

Ya se ha hablado de la posibilidad de hablar desde una mesa, tras un atril o directamente frente a su público, pero ahora toca ver qué hacemos con nuestra postura, *"el talón de Aquiles"* de muchos comunicadores.

Si acudimos al diccionario de la RAE, encontramos la definición de *carisma* como "la cualidad o don natural que tiene una persona para atraer a los demás por su presencia, su palabra o su personalidad". Por eso, todo en el comunicador debe atraer: su presencia, sus palabras y gestos, y su personalidad.

La presencia no puede escogerse. Externamente somos como somos y eso ni podemos ni deberíamos querer cambiarlo, pues para poder alcanzar nuestros objetivos (convencer, o mejor aún persuadir) es conveniente que al comunicador no se le vea como alguien excesivamente preocupado por su aspecto, sino natural, cercano: *como uno de los nuestros*.

Pero, sí deberíamos saber adaptarnos a cada situación, al entorno y al público al que nos dirijamos, para obtener el máximo partido de estas circunstancias, siempre enfocados a alcanzar nuestros objetivos.

Por eso, la *envoltura*, nuestro aspecto externo, sí puede y debe adaptarse. Esto se refiere, esencialmente, a la adecuación que todo comunicador debe procurar con el entorno que le rodee en cada situación.

Ya se ha dicho que lo mejor es que quien nos escuche pueda observarnos siempre bien, independientemente de que estemos de pie o sentados, por lo que hay que facilitarles esa posibilidad (en la medida de lo posible, claro).

Es importante que antes de que salgamos al escenario o donde nos toque hablar, revisemos cuidadosamente todos los detalles externos de nuestra apariencia: botones, cremalleras, peinado, pendientes, adornos, corbata... porque, una vez estemos en el estrado, *la suerte está echada*: y no es ya momento de ver si nos hemos dejado algo, o si tenemos que *retocarnos*.

Veamos qué posturas deberíamos adoptar en función de dónde nos sitúen para hablar:

- **Sentado tras una mesa**: lo ideal sería que tuviéramos la opción de poder levantarnos, de tanto en cuanto (por aquello de romper con la monotonía, de la que siempre debemos huir, y para que quienes nos atiendan puedan vernos mejor), pero si no pudiera ser, procuremos variar nuestra postura de vez en cuando (sin exageraciones, ni movimientos bruscos, que distraerían).

Que no sea la nuestra una pose rígida, que indica tensión, y que la forma en que nos sentemos nos permita utilizar las manos (la única parte visible, sin contar la cara), para apoyar con gestos nuestras palabras.

No nos reclinemos en la silla, ni la bajemos demasiado, ni nos movamos con ella o demos vueltas (si ésta tuviese ruedas giratorias).

Siéntate lo más erguido posible (sin caer en el envaramiento) de forma que quienes te escuchen tengan la mejor visión posible de quien les habla.

No tamborilees en la mesa con los dedos, ni con objetos que tengas a mano (bolígrafos, móvil…).

A propósito del móvil (sin el cual ya casi nadie sale de casa), si no lo necesitas para apoyarte en él durante el desarrollo de la charla, desconéctalo o quítale el sonido y la opción de vibración (ponerlo en modo avión es otra opción), de forma tal que no te distraiga a ti, ni a la audiencia.

No tengas delante más que el texto escrito de tu charla y, si fuera el caso, agua (más adelante hablaremos de ella).

- **Tras un atril**: En cuanto tengas oportunidad, sal del encasillamiento y procura pasear, que no correr, por el estrado. A este respecto, ojo con la superficie del estrado (comprueba que no haya desniveles, ni obstáculos que pudieran hacerte tropezar o caer, que eso sí supondría un serio percance) y con el tipo de calzado que lleves (si fueran zapatos con tacón, por ejemplo, el ruido al andar podría distraer a parte de la audiencia).

Mientras estés tras el atril, procura no agarrarte al mismo como si la vida te fuera en ello, porque eso se notará y, además, cuando quiera usar las manos, éstas no te responderán. Es decir, intenta, en la medida de lo posible, dejar las manos libres para que éstas puedan, con gestos, acompañar tus palabras.

Olvídate también de apoyarte en el atril como si éste fuera un cómodo sillón, o una mesa. Para ello te ayudará seguir mi anterior consejo de salir en cuanto puedas del *burladero* (otro símil taurino). Es decir, no te pongas demasiado cómodo tras él. Procura cambiar el peso del cuerpo de una a otra pierna para que, cuando te muevas, puedas hacerlo sin problemas. No des golpecitos con los zapatos en la tarima, no te balancees en exceso, y si te decides a seguir mi consejo y te mueves por el escenario, que sea con paso lento y elegante... nunca corras.

Evita posturas defensivas como brazos cruzados sobre el pecho, manos recluidas en los bolsillos o agarradas tras la espalda. Además, todas esas posturas limitarán el empleo de tus manos y reducirán tu capacidad de comunicación no verbal.

Lo mejor, procura dejar caer *elegantemente* ambos brazos con naturalidad cuando no los emplees (Sí, no me he olvidado, eso también debes ensayarlo y te costará un tanto, al principio).

- **Sin medios de protección o apoyo** (*sólo ante el peligro*): En este caso, apliquemos en su totalidad las mismas reglas que si contásemos con atril, con la excepción de que ahora no podremos apoyarnos en ningún elemento, por lo que tendremos que ir cambiando de postura de tanto en cuanto (evitando los tics repetitivos), y procuremos pasear, despacio y con naturalidad, por la superficie disponible, pero sin perder nunca de vista a nuestro público.

Tanto si contamos con atril como si no, recordemos que al pasear por el escenario nunca deberíamos mirar al suelo, ni al techo, ni a los laterales (salvo que hagamos algún comentario al auditorio que venga al caso sobre la decoración de la sala): ¡tu única prioridad debe ser la audiencia, por lo que tu mirada siempre debe dirigirse a ellos!

Cuando hablemos sin obstáculos ante nuestro público contaremos especialmente con la ventaja (algunos quizás opinarán que es más bien un inconveniente) de que todo nuestro cuerpo *hablará* a quienes nos escuchen.

De ahí la importancia de cuidar, aún más si cabe, cualquier gesto que hagamos, porque todo lo verán y si, por ejemplo, la charla fuera retransmitida en streaming (lo he vivido), encima quedaría *grabado para la eternidad* (puesto que en esta era tecnológica todo queda registrado, consideremos el número de visualizaciones que podría tener cualquiera de nuestras charlas, y más si durante el desarrollo de las mismas hubiésemos incurrido en errores que pudieran hacerse *virales*).

Consecuentemente, planifiquemos cuidadosamente cada movimiento y que todo cuanto hagamos, sea con sentido. Es decir, acordémonos de que la finalidad de cualquier gesto es, siempre, apoyar la palabra, por lo que, si no hace falta hacer uno en concreto, no lo hagamos y, por el contrario, si para reforzar el sentido de nuestras palabras necesitamos hacerlo, hagámoslo.

Hagamos **uso del agua** si dispusiéramos de ella (mejor contactar antes con quienes organicen el evento para asegurarse de que dispondremos del necesario apoyo del líquido elemento) pues, lo creamos o no, y más con comunicadores noveles, la garganta al hablar se seca mucho más rápido que de ordinario, y nada hay peor que un *gallo* en plena charla, o no poder vocalizar correctamente por falta de salivación. Bebamos cuanto nos haga falta (en vaso mejor que directamente de la botella, pues así es más elegante), pero sin excedernos, porque el objetivo es remojar la lengua y el paladar, no acabarse la botella de golpe. Y no nos disculpemos por ello, ni lo anunciemos (*perdón, necesito agua; voy a beber, esperad…*).

Si sabemos que no tendremos agua a nuestra disposición, siempre podríamos llevarnos algunos caramelos balsámicos (sin azúcar… por aquello de mantener la línea), que nos ayudarán a salivar lo necesario (y, sí, esto también debemos ensayarlo porque, hasta que nos acostumbremos, vocalizaremos peor y, al principio, no se nos entenderá bien).

Si disponemos de **puntero láser**, por ejemplo, no juguemos con él (no seríamos los primeros que *marcan* a toda su audiencia por estar haciéndolo) y usémoslo sólo cuando sea necesario.

Si lo llevamos constantemente en la mano, seguro que, involuntariamente y en más de una ocasión, nos jugará alguna mala pasada.

Al hablar anteriormente de la vestimenta dije que debía ser la más apropiada a la situación y a las personas a las que nos dirigiremos, pero no mencioné el detalle de la **sudoración**.

Hay personas que, por genética esencialmente, sudan más que otras. Sudar no es ni bueno ni malo, pero cuando uno habla en público, al estar más nervioso, suele hacerlo de más.

Con la finalidad de que no nos preocupe el tema de la contemplación por parte de la audiencia de nuestras posibles manchas de sudor, te aconsejo que utilices prendas cómodas, no demasiado ajustadas y, a ser posible, de colores que, para el caso de que sudes mucho, no se note en exceso.

Así podrás olvidar la preocupación por si te ven sudar mucho y te centrarás, exclusivamente, en lo que toca: hablar y persuadir.

Finalmente, en cuanto a la posición, recuerda que el objetivo de la comunicación no verbal es apoyar lo que decimos con el cuerpo y con los gestos.

De ahí que insista en la importancia de que, cuando hables, todo en ti transmita tranquilidad.

La naturalidad, ya te lo anticipo, no es fácil de conseguir, pero cuantas más charlas lleves, más seguro saldrás a las siguientes y menos te costará transmitir ese aire de confianza que todo buen comunicador debe procurar mostrar siempre. Ánimo, prepárate, practica... y a por todas.

¡Qué importante es, en cualquier tipo de conversación, mirar siempre a nuestro interlocutor!

Considero esencial que en cualquier conversación o charla procuremos mirar en todo momento a los ojos de quien o quienes nos escuchen, porque eso favorece la cercanía, ayuda a reforzar el contacto y nos permitirá ver cómo son las emociones de quienes nos atienden. Además, si miramos cuando escuchamos, animamos a la otra persona a comunicarse, y hacerlo cuando hablamos ayuda a que nuestro discurso sea más convincente. Pero, como todo en esta vida (ya te lo imaginabas... ¿no?), tiene sus dificultades.

No es fácil mirar a un extraño a los ojos, si bien podemos mirarle a la frente o a la punta de la nariz que, si no están muy cerca, no lo notarán. De esa forma, mantendremos el contacto y reforzaremos la cercanía. No obstante, conforme vayamos incrementando nuestra práctica y preparación, cada vez nos costará menos mantener el contacto visual.

Por otra parte, todos tenemos la tendencia de mirar a quienes nos miran y por ello, si cuando les hables detectas que una persona te sonríe, fuérzate a evitar mirarla siempre, porque *la importancia de la mirada reside en que todos nuestros interlocutores se sientan considerados*, y si sólo miramos a una persona, o incluso a un solo sector de la audiencia, pronto los demás desconectarán.

Mirar a la persona o personas con quienes hablamos, o que nos hablan, supone bastantes ventajas que nos facilitarán la consecución de los objetivos que nos hayamos marcado en la comunicación:

- Al mantener el contacto visual, eso nos ayudará a estrechar la relación y fomentará la cercanía con la audiencia.

- Al mirar a quienes nos escuchan les haremos, en cierto modo, partícipes de la charla, siempre y cuando no nos centremos demasiado tiempo en una persona o en un sector de la audiencia, pues, en ese caso, quienes no se sientan observados perderán interés por nuestras palabras.

- Mirar continuamente a la audiencia nos permitirá saber si nuestras palabras están teniendo el efecto esperado, o no (si bostezan, miran el móvil, hablan con quienes tienen a su lado... ya sabremos que tenemos que poner todos los medios a nuestro alcance para volver a captar su atención).

- Recuerda no mirar ni al suelo, ni al techo, ni a las paredes (sólo a quienes te atiendan) y, por supuesto, nada de mirar continuamente al móvil o al reloj (tú te has preparado bien y todo saldrá como toca, sin necesidad de excesivas ni periódicas comprobaciones).

- Si observas a personas moviéndose continuamente en sus asientos, consultando con frecuencia el reloj, o el móvil, cerrando los ojos, suspirando... son señales claras de que tus palabras no les están llegando. Ese es el momento de despertarles con algún *cambio de tercio*.

¿Qué quiero decir con eso de *cambio de tercio*? Pues que no debemos conformarnos con pensar que algo falla y seguir con el mismo ritmo, sino que debemos procurar darle otro enfoque a nuestras palabras y gestos.

Se atribuye a Albert Einstein una idea que podría traducirse así: "Necesitamos cambiar nuestro modo de pensar y la forma en que habitualmente hacemos las cosas, si queremos mejorar nuestros resultados. Si quieres conseguir resultados diferentes, no hagas una y otra vez las mismas cosas".

Consecuentemente, si al mirar a quienes nos atienden observamos claros indicios de que nuestras palabras no están consiguiendo los resultados esperados, obliguémonos a hacer algo distinto.

No hay reglas escritas sobre el particular, ni axiomas, pero por si te sirve, podrías intentar lo siguiente:

- Cállate durante unos pocos segundos. Esto no suele fallar y sirve para despertar a quienes parecían dormidos (o realmente lo estaban), mientras que los que sí atendían entenderán que algo pasa, o que alguna idea importante se les va a contar.

  También puedes decirles que te has callado para no molestar a los que estaban cayendo en los cálidos y tranquilizadores brazos de Morfeo (sin apuntar a nadie en particular, claro). Generalmente, esas personas cansadas lucharán, a partir de entonces, por mantenerse más despiertas.

- Introduce alguna anécdota previamente ensayada.

- Aprovecha para introducir ese vídeo, breve, que tenías *guardado en la manga*.

- Cambia la cadencia de tus palabras, modifica el tono, eleva la voz, o baja el volumen de la misma. Esta práctica te ayudará en esos momentos en los que observes *desconexión* de la audiencia, y deberías emplearla frecuentemente durante toda tu disertación, pues lo peor que puedes hacer es ofrecer una charla monótona, ya que eso no sólo no atrae, sino que ayuda a la relajación… y tú los necesitas bien despiertos.

Como supongo conocerás, nuestro cerebro funciona más como un archivador de imágenes que no de palabras, esencialmente porque la parte del mismo empleada para adquirir nuevos conceptos es más pequeña que la que procesa imágenes (al menos en la mayoría de los mortales corrientes).

De hecho, nuestro cerebro puede procesar imágenes que el ojo ve tan sólo durante milésimas de segundo, y por ello el 90% de la información que procesamos es visual.

De ahí que seamos capaces de, aproximadamente, recordar el 80% de las imágenes que observamos, y únicamente de retener el 20% de lo que nos cuentan o leemos, o el 10% de lo que oímos. Además, nuestro cerebro procesa las imágenes unas 60.000 veces más rápido que las palabras.

Por tanto, puesto que somos proclives a mostrar más atención a las imágenes que a las palabras, podríamos concluir que la mejor forma para trasladar cualquier mensaje de manera directa es a través de la comunicación audio-visual.

La sabiduría popular lo explica más llanamente con el dicho: "Una imagen vale más que mil palabras".

Las palabras son más abstractas, por lo que nos cuesta memorizarlas, mientras que las imágenes, más concretas, se retienen mejor.

De ahí la importancia de que, en la medida de lo posible, apoyemos todas nuestras presentaciones con ayudas audiovisuales.

Recordemos que la relevancia de este hecho se ve reflejada hoy día en las redes sociales: las publicaciones que aparecen en las mismas e incluyen material audiovisual, son más *compartidas* que las que no lo aportan.

Las más de las veces, sólo necesitamos observar una imagen para comprender el significado de un mensaje. Detectamos y elegimos las marcas de nuestros productos favoritos por la imagen que de ellas observamos y... ¿podrías imaginarte internet sin contenidos audiovisuales?

De hecho, en la red las imágenes ocupan el mayor porcentaje de la información y mensajes de cualquier día.

Además, las imágenes las captamos con un solo golpe de vista y por eso nos atraen más. Son adictivas y virales, insinúan e inspiran y, sobre todo... *posicionan*.

Por todo ello, la Imagen es una poderosa herramienta de comunicación, que cualquier buen comunicador debería siempre considerar.

Acompañar, pues, cualquiera de nuestras presentaciones con buenas imágenes las hará más atractivas y fáciles de seguir (pero si éstas no fueran de buena calidad, o no estuvieran relacionadas con lo que estemos diciendo, mejor no emplearlas).

De hecho, en la red los textos acompañados de fotos y elementos gráficos se comparten el doble y tienen más comentarios y más *likes* (me gusta), que los que no los llevan.

Los contenidos audiovisuales también aportarán a nuestras presentaciones:

*   Apoyos para centrar la atención de la audiencia. Si, por ejemplo, estuviésemos hablando de *las bondades de la Economía Circular*, tan de moda en estos días, lo ideal sería, apoyar nuestras palabras con imágenes de cielos limpios o de energías renovables, por ejemplo.

*   Una buena imagen, relacionada con lo que estamos tratando transmitir, hará más fácil retener lo que estemos contando, y es fundamental para apoyar el desarrollo de cualquier idea. Si estuviéramos hablándoles, por ejemplo, de variaciones en determinado gasto, sería mejor apoyarnos en un gráfico, que no proporcionarles datos que, con toda seguridad, no retendrán.

Capítulo 12

La sonrisa

¡La sonrisa siempre atrae! Y, además, es contagiosa. ¿No te ha ocurrido alguna vez que cuando te presentan a alguien, si esa persona te sonríe, te formas una primera idea positiva de ella?

¿Quiero con esto decir que siempre hay que sonreír? Evidentemente, irá en función de la temática de nuestras palabras y de la situación en que nos encontremos. Si tienes que dar un pésame, o comunicar una triste noticia, no será muy oportuno… pero en la mayoría de ocasiones, siempre es recomendable.

No creas que es fácil esbozar una sonrisa auténtica (de esas en las que los ojos también acompañan), porque, generalmente, cuando se habla en público estamos un tanto nerviosos, si no mucho. Pero su empleo denota cercanía, suaviza tensiones y facilita la comunicación[1].

Aunque, como ya habrás adivinado, querido lector, esto también tiene que ensayarse previamente, y a ser posible ante un espejo o, mejor aún, delante de familiares o amigos (recuerda que no

---

1. "La sonrisa cuesta menos que la electricidad y da más luz". Proverbio escocés

te costará más que una invitación... por lo que mejor que no sean muchos).

De todas formas, no nos obsesionemos con esto de la sonrisa y luchemos por ser siempre lo más naturales posible. Hay personas, como yo, que, por su carácter, no suelen sonreír mucho y, por tanto, obligarles a hacerlo sería contraproducente.

Nuestro objetivo debe ser, como en todo, sentirnos lo más cómodos posible en cualquier situación, para lo cual deberíamos procurar ser naturales.

Matizaré un poco más:

* Es muy recomendable que al empezar cualquier presentación utilicemos nuestra mejor sonrisa (creo que ya se ha indicado anteriormente, pero eso también debemos ensayarlo previamente, pues no creas que es fácil sonreír ante un grupo de desconocidos, no importa cuántos sean).

* Si la hemos ensayado y la empleamos al presentarnos, nos daremos cuenta de que, al hacerlo, muchos de quienes nos escuchen sonreirán también, pues la sonrisa, como ya avancé, es contagiosa (tanto como los bostezos, por ejemplo).

* Si conseguimos sonreír, notaremos que nuestro nivel de confianza se incrementa y nos veremos capaces de continuar con más decisión... si cabe.

* Pero no confundamos sonreír con reír, pues mientras que la sonrisa es deseable, la risa no lo es tanto.

Me explicaré mejor: reírse cuando es de uno mismo sí es recomendable (de los errores en que hayamos podido incurrir o de nuestras propias torpezas, esas que tan frecuentemente, al menos en mi caso, cometemos), pues nos presentará ante quienes nos escuchen como alguien sencillo y humilde (y eso siempre nos ayudará a estar otro paso más cerca de conseguir los objetivos de la charla).

Sin embargo, jamás debe uno reírse de nadie del público, ni de otras personas no presentes (sólo es una regla de educación y cortesía, que todos conocemos, pero que conviene tener presente).

No queramos, por tanto, recurrir frecuentemente al empleo de chistes pues, como anteriormente dije, lo que a nosotros nos parece gracioso a otros puede no parecérselo, e incluso podría ofenderles y desviar su atención de la charla.

• Y, por si no hubieras caído en ello, que estoy seguro de que sí, cepíllate los dientes siempre antes de cualquier charla. Puesto que, habitualmente, no solemos llevar con nosotros un cepillo y pasta de dientes, mi consejo es que justo antes de hablar en público no comas nada (si nos ofreciesen un tentempié previo, sólo bebamos, pues de esa forma al sonreír lo haremos con la tranquilidad de que no nos habrá quedado resto alguno de comida en la boca, y tendrás una preocupación menos antes de salir a escena).

¡Si la mirada y la sonrisa son importantes, la voz no se queda a la zaga!

Como ya anticipé, no nos preocupemos por nuestro acento, que eso es algo que nos caracteriza y nos confiere nuestra propia personalidad (*¿te imaginas a alguien de Murcia como yo, por poner un ejemplo, queriendo pronunciar todas las "eses" como un vallisoletano?*). Eso no debemos luchar por cambiarlo, pues es nuestra esencia y lo que nos confiere carácter (y a mucha honra).

En cambio, sí deberíamos esforzarnos en lo siguiente:

- Adapta tu voz para que todos los que te atiendan puedan escucharte correctamente. Caso de que no dispusieras de micrófono, tendrías que elevar el volumen de la misma para que ésta llegase, nítidamente, hasta el último de quienes debieran escucharte. Si no pueden escucharte correctamente, tu mensaje no les alcanzará y, consecuentemente, no lograrás tus objetivos.

- Da igual de dónde provengas, el principal axioma aplicable a la voz es siempre el mismo: hay que procurar vocalizar correctamente. Y, una vez más (y van…), eso nos obligará a ensayar previamente y a esforzarnos por mantener el mismo grado de vocalización desde el inicio de la charla hasta el final[1], porque, como ya se ha indicado anteriormente, cuando se habla en público se tiende a hacerlo más rápido que de ordinario, y la rapidez está totalmente reñida con la comprensión.

No nos dejemos llevar de la euforia que suele suponer para muchos comunicadores *el oírse bien* (son esos *mágicos* momentos en los que uno frente a un auditorio observa que le atienden, y que incluso algunos le sonríen), porque eso podría ayudarnos a relajarnos en exceso y a animarnos a hablar aún más rápido, con lo que vocalizaríamos peor (como habitualmente solemos hacer en charlas entre amigos). Y tenemos que obligarnos a recordar que no estamos en una reunión informal, sino frente a personas que merecen lo mejor de nosotros.

• Obliguémonos, por tanto, a mantener la cadencia de habla adecuada a cada momento de la charla. Habrá momentos en los que, por ejemplo, cuando quieras resaltar una de tus ideas fundamentales, deberías hacerlo más despacio que de ordinario, para ayudar así a que ésta cale bien en la audiencia. Y en otros momentos de la charla convendrá, por ejemplo, incrementar el ritmo o elevar el volumen para *despertar* a la audiencia.

• Lo imprescindible es que, cada vez que hablemos, utilicemos todos los recursos a nuestro alcance (¿*recuerdas aquello*

---

1. No olvides que, por regla general, cuando hablamos durante un largo periodo de tiempo, nos cuesta mantener costumbres que habitualmente no empleamos, como vocalizar correctamente. Es decir, conforme va avanzando la charla, vamos tendiendo a recuperar el modo en que habitualmente nos expresamos y ese esfuerzo en vocalizar debidamente, se va poco a poco difuminando, y acabamos hablando como solemos hacerlo. Obliguémonos, por tanto, a mantener nuestra mejor vocalización durante toda la charla.

de la preparación y la perseverancia?) para evitar la monotonía. Si durante cualquier charla mantenemos un tono más bien *plano*, ya te aseguro que el resultado de la misma no será el esperado. Debemos esforzarnos en modular nuestra voz de forma tal que rompamos con la monotonía. Y, sí, lo has adivinado, eso también debes ensayarlo... y mucho.

• Sé que pareceré un tanto repetitivo, pero créeme, es importantísimo que te oigas en casa, y si fuera posible, que ensayes previamente delante de conocidos o familiares (no te privará de su amistad, te lo aseguro y, como antes indiqué, no te costará mucho... y siempre merecerá la pena). Recuerdo (hace ya demasiado tiempo) la primera vez que oí mi voz grabada, y además en inglés. Nuestra profesora de dicho idioma nos hizo recitar unas frases frente a una grabadora y, después, nos invitó a escucharnos. Yo creía que tanto mi pronunciación como mi estilo habían sido perfectos (era mucho más joven, inexperto... y soberbio), y al oírme no supe que era yo hasta que ella insistió. Con esto vengo a decir que hay bastante diferencia entre cómo creemos que nos hemos desenvuelto al hablar, y cómo se nos ha escuchado realmente. De ahí mi insistencia en la necesidad de los ensayos previos.

• Muchas personas al hablar emplean generalmente ciertas *muletillas*[2], de las que no siempre somos conscientes. Ese hábito que todos tenemos (me incluyo en ello), si bien no influye excesivamente a la hora de mantener una conversación informal entre amigos, sí debe procurar evitarse al hablar en público.

---

2. Diccionario de la RAE: Voz o frase que alguien repite mucho por hábito.

No obstante, si te dieras cuenta de que se te escapa alguna durante una charla, no te preocupes en exceso: con esfuerzo y práctica conseguirás irlas quitando.

Las más frecuentes, por sólo citar unos ejemplos, son: bueno, bien este, pero, ¿eh?, ¿no?, ¿sí?, ¿sabes?, tal cual, ummm...

Por supuesto, olvida emplear expresiones excesivamente coloquiales o malsonantes (recuerda que estás *actuando* ante un público que se merece la más alta consideración, y no en una charla de bar entre amigos). A este respecto, podría servirte de ayuda recordar que lo que no dirías delante de tu madre o de tus hijos, tampoco deberías contárselo a la audiencia.

Sobre este último punto, permíteme aconsejarte que, aunque perseguimos alcanzar una cierta *familiaridad* con quienes nos escuchan, no debemos caer en un excesivo grado de la misma.

En una charla entre amigos o en un bar, por poner tan sólo dos ejemplos, sí hay que procurar ser un tanto más familiar, pero en un auditorio la cercanía no se alcanza siendo excesivamente familiares, pues no olvidemos que nuestro objetivo no es tan sólo hacer que nuestros interlocutores se sientan como en casa (que también, si fuera posible), sino convencerles de nuestros planteamientos y, a ser posible, persuadirles.

Para evitar esas incómodas muletillas, además de practicar, practicar y practicar (que creo que ya lo he dicho), conviene forzarnos a cambiar la forma en que concatenamos nuestras frases, de forma que procuremos no dejar huecos entre ellas, en los que, seguramente, incluiríamos esas dichosas muletillas.

Prodigarnos un tanto más en nuestros silencios también podría ayudar, pues generalmente el origen de las muletillas radica en ese innato deseo de todo comunicador de demostrar a quienes nos escuchan que somos capaces de hablar sin parar.

Sin embargo, recordemos que el objetivo no es hablar sin descanso, sino hacerlo con el ritmo, tono y volumen adecuados, y sí, también empleando los silencios cuando sea oportuno.

No te preocupe detenerte un momento (que puedes utilizar para mirar a tu público, por ejemplo), en vez de utilizar cualquiera de tus muletillas. Con la práctica lo conseguirás, puedes estar seguro de ello.

- Es aconsejable que procures emplear **los silencios**, al menos:

  o Al inicio de la charla (para captar la atención de los que te escuchen). No empieces si no tienes a toda la audiencia callada y atendiéndote (si cuando te vean entrar al escenario no se callan, cállate tú y observarás que, casi de inmediato, la mayoría te imitarán).

  o Tras acabar la Introducción, para que quienes te escuchen se den cuenta de que hay un *cambio de tercio* y que empezarás con el Desarrollo de las ideas principales (el Cuerpo).

  o Tras acabar el Cuerpo, antes de iniciar las Conclusiones.

  o Al finalizar las Conclusiones y antes de dar paso a las preguntas.

  o Además, son recomendables cuando, por ejemplo, se va a tratar una de las ideas principales o, como ya dije antes, para *despertar a los cansados*.

Capítulo 14

Las ayudas audiovisuales

Algo de ellas se trató cuando hablamos de la vista y la imagen, pero las ayudas audiovisuales, como entenderás, abarcan mucho más que imágenes o vídeos.

Lo más frecuente es que para hablar de (casi) cualquier tema nos apoyemos en presentaciones a base de transparencias (*slides*, como el cuadro de texto que se observa a continuación), que respalden lo que estemos diciendo en cada momento.

- Siempre que te sea posible, APÓYATE en ellas.
- Lo primero, SABER cómo será tu auditorio,
- A continuación, de cuánto tiempo dispondrás.
- POCO texto y POCAS líneas por transparencia.
- Letras de BUEN tamaño y COLORES visibles.
- Calidad de IMÁGENES y VÍDEOS adecuada.

¿Siempre hay que contar con ellas? Mi consejo es que lo hagas siempre que tenga esa posibilidad, porque así ayudarás a que tus interlocutores fijen tus ideas principales y se queden con lo esencial de tu presentación.

Para ello, lo primero que debemos conocer es cómo estará distribuido el local en el que hablaremos. No es igual, como ya anticipé, impartir una clase ante unos pocos alumnos, que dar una charla ante 100 personas (u otro número cualquiera) en un auditorio.

Antes de hacer uso de ellas, deberías comprobar que lo que en tu ordenador o portátil parecen colores atractivos, al proyectarlos en la sala realmente se distinguen correctamente.

Mi consejo, por ello, es que no abuses de los colores claros, pues en función de la iluminación del local, podrían no distinguirse claramente, y ya sabes, *si no se ven, NO ayudan a conseguir el objetivo.*

Elige cuidadosamente las imágenes que emplearás (recuerda lo de no emplear imágenes que estén protegidas por el símbolo de *copyright,* salvo que obtengas autorización para ello).

Acuérdate de que el objetivo de las imágenes es apoyar nuestras palabras, por lo que, si la imagen elegida no clarifica o apoya, no la emplees.

En cada una de las transparencias que emplees procura revisar que:

- Lo escrito es las mismas es gramaticalmente correcto, pues si incurres en errores de éste u otro tipo similar, quienes te atiendan prestarán más atención a esos fallos que a tus palabras (y en todas las siguientes transparencias estarán más pendientes de encontrar otros errores, que de lo que les digas).

- El tamaño de letra sea lo suficientemente grande como para que se pueda leer, sin dificultad, desde cualquier lugar de la sala (no hay nada más decepcionante que comprobar que quien nos habla ha puesto letras tan minúsculas, que ni siquiera los de las primeras filas pueden leerlas). Evita, por tanto, esos cuadros o tablas Excel (o similares) con un elevado número de datos, que no sólo no se quedan, sino que, además, nos hacen perder tiempo intentando descifrarlas.

Lo ideal es comprobarlo antes de proyectarlas, pero como en la mayoría de ocasiones eso no será posible, no te conformes con letras menores de tamaño que, por ejemplo, Arial 24. Tu objetivo debería ser que todos tus interlocutores pudieran leer, sin dificultad, lo que les presentes.

* Incluye en cada transparencia *sólo* aquello que aporte información o clarifique lo que estés contando. Si en la misma aparecen datos o cifras que no vengan al caso, distraerán la atención de quienes te escuchen.

¡**Emplea pocas líneas por punto, y pocos puntos por transparencia!** Es decir, que las ideas reflejadas se capten con un solo golpe de vista, y no tengan que estar leyendo un texto interminable.

Conclusiones

¡Siempre podrás mejorar como persona y como comunicador, si crees, eres constante y te pones a ello con el debido empeño!

Tu objetivo esencial como comunicador consiste en persuadir a tu interlocutor o interlocutores de la bondad de tus planteamientos, para lo que deberías procurar:

- Empéñate, con todas tus fuerzas, en adquirir la mejor formación posible sobre cualquier presentación que debas impartir, así como luchar (todos los días) por forjar tu carácter con la adquisición, y mantenimiento, de una serie de virtudes que adornen tu forma de ser y te ayuden a convertirte en un auténtico líder de opinión cada vez que comuniques.

- Convertirse en una persona virtuosa es un proceso que lleva toda una vida (algunos seguimos en ello y por mucho tiempo, creo), por lo que la constancia y la perseverancia te serán imprescindibles en esa lucha en la que contarás con caídas y retrocesos, pero ya sabes que, si te esfuerzas y peleas siempre por levantarte, los resultados (más pronto que tarde) llegarán.

- No hay un número mínimo de virtudes que cualquier comunicador debería practicar, sino que lo aconsejable sería esforzarse por adquirir el mayor número de ellas, puesto que cuanto más virtuoso se es, más capacidad de atracción se genera. Y, además, son gratis.

  Lo importante, no lo olvides, no es sólo hablar bien (que también, pero que la mayoría ya lo hace), sino luchar por convertirte en una persona con valores, y que esto se capte por quienes te atiendan.

- ¿Cuáles son esas virtudes que deberías esforzarte por adquirir y mantener?:

  - Fe, para creer en lo que hagas, que es la forma más segura de que (casi) todo lo que emprendas tenga las más altas posibilidades de salir bien. No olvides que para el que cree, (casi) todo es alcanzable.

  - Perseverancia, que te ayude a no desfallecer, porque para mejorar hay que ser constante, empeñarse todos los días y recordar que lo bueno cuesta, pero que, con empeño, casi siempre puede conseguirse.

  - Prudencia, para saber qué debes comunicar a quienes te escuchen en función de lo que sea más beneficioso para ellos (no sólo para ti). Y para saber cuándo hablar y cuándo no hacerlo.

  - Justicia, para que tu objetivo fundamental en cada una de tus disertaciones sea procurar dar respuesta a los intereses de tu audiencia (los que realmente deben importarte).

  - Fortaleza, que te ayude a superar todos los obstáculos que encontrarás (que los habrá, no te quepa duda) para la consecución de los objetivos que te hayas propuesto.

  - Templanza, que te ayudará a ser siempre una persona honesta (de valía), que no se deje llevar, exclusivamente, de las pasiones, pues, aunque el discurso debas vivirlo con pasión, éste siempre tiene que ser guiado por la razón.

- Confianza, que te conferirá la seguridad de que, con esfuerzo, tesón y trabajo, (casi) todo te será posible. Cuanto más preparado salgas a cada charla, más confiado estarás.

- Respeto, que debes mostrar siempre hacia quienes te escuchen, para lo que es imprescindible que, en todo momento, muestres coherencia entre lo que digas y hagas.

- Sinceridad, creyendo de verdad en lo que hables y siendo consecuente con los sentimientos y valores expresados, que eso fomentará la confianza con tus interlocutores.

- Paciencia, tanto en la preparación como a la hora de relacionarte, que te ayudará a dedicar a cada presentación, oral o escrita el tiempo necesario, perseverando sin desfallecer (por muy áridos que te parezcan esos imprescindibles tiempos, que a veces lo son).

- Flexibilidad, para saber adaptarte, rápida y eficientemente, en cada momento, a las circunstancias que te toque afrontar. Sinónimo de amoldarte a lo que la situación y tus interlocutores demanden.

- Tolerancia, para respetar, aunque no se compartan, los pensamientos, opiniones o creencias de quienes te rodeen.

- Valor, para ayudarte a ser *salvajemente sincero* a la hora de transmitir tus ideas (que no olvides que son tan válidas como las de los demás).

- Sencillez, que te ayudará a saber comunicarte con los demás sin ser pretencioso, teniendo siempre presente que nuestro objetivo no es brillar, sino ser capaces de trasladar a nuestros interlocutores la información que necesiten y persuadirles de que con ella mejorarán.

- Humildad (esencial para todo buen comunicador), que te permitirá reconocer tus límites y cualidades y respetar a quienes te escuchen. Además, te ayudará a recibir de buen grado las críticas, aprovechándolas para mejorar (que ahí siempre tendrás mucho campo en el que trabajar).
- Y, finalmente, pasión. Sin ella no contagiarás, mientras que con ella sentirás todo lo que digas y creerás de verdad en lo que estés transmitiendo, con lo que mejorarás, y mucho, a la hora de comunicarte.

• Es siempre necesario saber a quién o a qué colectivo vamos a hablar o quiénes leerán nuestros escritos, pues en función del conocimiento que nuestros interlocutores tengan del tema en cuestión, deberíamos preparar nuestra intervención en un sentido, u otro.

Asimismo, recuerda que, si quieres que cualquier comunicación tuya sea efectiva, deberías conocer cuáles son las necesidades de quienes te atenderán para intentar solventarlas, en la medida de tus posibilidades.

Siempre verás limitado el contenido de cualquier presentación en función del tiempo de que dispongas, o de la extensión máxima del escrito.

Recuerda por tanto que *no podrás incluir todo lo que quisieras*, por lo que deberás seleccionar lo más relevante del tema en cuestión (3-4 ideas principales sobre las que deberías estructurar todas tus charlas o escritos).

• Evita imponer tus puntos de vista, pero no cedas en tus creencias, que son tan válidas como las de cualquiera.

• Se humilde al presentarse y presentar tus ideas.

• No ironices, ni desprecies el parecer de quienes te escuchen.

• Expresa tus sentimientos de manera abierta, y recuerda mantener la paz... y prodigar la sonrisa.

- No olvides otra regla de oro: Respetar siempre el tiempo o el espacio que te hayan dado para cualquier presentación o escrito.

- Para calmar los nervios, fuérzate a hablar más despacio, procura vocalizar mejor y respira sosegadamente. Así te captarán mejor y te oirás mejor, y eso te animará a continuar con mayor paz.

- Para preparar cualquier charla deberías conocer de antemano, a ser posible, dónde hablarás y con qué medios contarás para ello, de forma que sepas en qué espacio actuarás y de qué medios dispondrás, y así poder ensayar previamente con esos medios y con el formato que se te exija.

- Procura que tu indumentaria sea la más adecuada a cada situación. Infórmate previamente de cómo se prevé que asista la audiencia y vístete en consecuencia para no desentonar.

- No repitas charla, y procura actualizarte siempre, adecuando cada nueva charla a tu nuevo auditorio y a la nueva situación temporal.
  No presentes datos no actualizados o no contrastados, ni ofrezcas información cuya veracidad no hayas comprobado previamente.
  Puesto que, tanto la capacidad de retención de cualquier audiencia como su atención son limitadas, es mejor que sólo plantees unas pocas ideas, que las desarrolles y, al final, las recalques, sin sobrecargar a tus interlocutores con información excesiva que, con toda seguridad, no retendrán.
  Recuerda que puede servirte como apoyo lo que todo buen publicista aplica: que sus anuncios no se extiendan, generalmente, más de una línea, porque el objetivo de los mismos es *trasladar una idea al público*, algo fácil de recordar y que se quede.

No pretendas que la audiencia tenga que pensar o trabajar en exceso mientras te atienden, sino que procura darles todo tan mascado y trillado que se vean obligados a aceptar, total o parcialmente, tus planteamientos.

- Todo en el comunicador debe atraer: su presencia, sus palabras y gestos, y su personalidad.

No pretendas cambiar tu aspecto físico, pero procura adaptar tu aspecto externo, adecuándolo al entorno que te rodee en cada situación.

Antes de salir al escenario, revisa todos los detalles externos de tu apariencia.

Procura que tu pose no sea rígida, y que te permita utilizar tus manos (todo tu cuerpo en realidad) para apoyar con tus gestos las palabras.

En cuanto tengas oportunidad, procura pasear por el estrado. Evita posturas defensivas como brazos cruzados sobre el pecho, manos recluidas en los bolsillos o agarradas tras la espalda (debes potenciar tu capacidad de comunicación no verbal, no cercenarla).

Intenta que tu mirada se centre sólo en tus interlocutores: tu única prioridad.

Cuida cualquier gesto que realices y planifica cuidadosamente cada movimiento, de forma tal que todo cuanto hagas sea con sentido y enfocado a la consecución de los fines que te hayas marcado.

- En cualquier tipo de conversación, procura mirar siempre a tu interlocutor.

Mirar a los ojos es siempre recomendable, porque favorece la cercanía, ayuda a reforzar el contacto y nos permite ver cómo son las emociones de quienes nos atienden.

La importancia de la mirada reside en que todos tus interlocutores se sientan considerados, y así al mirar a quienes te escuchan les harás partícipes de tu charla y te permitirá saber si tus palabras están teniendo el efecto esperado, o no. Consecuentemente, si al mirar a quienes te atienden observas que tus palabras no están consiguiendo los resultados esperados, deberías:

o Callarte unos segundos, que no suele fallar y sirve para despertar a quienes parecían dormidos.

o Introducir alguna anécdota previamente ensayada.

o Aprovechar para introducir un breve vídeo, previamente preparado.

o Cambiar la cadencia de tus palabras, modificar el tono, elevar la voz, o bajar el volumen de la misma.

- El 90% de la información que procesa nuestro cerebro es visual. Somos capaces de recordar el 80% de las imágenes que observamos, y únicamente de retener el 20% de lo que nos cuentan o leemos, o el 10% de lo que oímos.

Por tanto, puesto que somos proclives a mostrar más atención a las imágenes que a las palabras, la mejor forma de trasladar cualquier mensaje de manera directa es a través de la comunicación audio-visual.

Los contenidos audiovisuales aportarán valiosos apoyos a nuestras presentaciones para centrar la atención de la audiencia.

- *¡La sonrisa siempre atrae, y es contagiosa!* Cada vez que sea conveniente, procura utilizarla en tus disertaciones, pues su empleo denota cercanía, suaviza tensiones y facilita la comunicación.

Si consigues sonreír, incrementarás tu nivel de confianza y te verás cada vez más capaz, si cabe, de continuar con decisión renovada.

No confundas sonreír con reír. La sonrisa es deseable, la risa no tanto.

- *¡La voz es igual de importante que la mirada y la sonrisa!*
  No te preocupes por tu acento, que es algo que te caracteriza y te confiere su propia personalidad. No luches por cambiarlo.
  En cambio, esfuérzate en lo siguiente:
  o Adapta tu voz para que todos los que te atiendan puedan escucharte correctamente. El principal axioma aplicable a la voz es: siempre hay que vocalizar correctamente.
  o Oblígate a mantener la cadencia de habla adecuada a cada momento de la charla. Lo único imprescindible es que, cada vez que hables, utilices todos los recursos a tu alcance para evitar la monotonía.
  o Recuerda evitar el uso de muletillas y expresiones excesivamente coloquiales o malsonantes, pues, aunque perseguimos alcanzar una cierta familiaridad con quienes nos escuchan, no se debe caer en un excesivo grado de la misma.
  o Es aconsejable que emplees los silencios, al menos al inicio de tus charlas, tras acabar la Introducción, justo antes de iniciar las conclusiones y al finalizar éstas, antes de dar paso a las preguntas.
- Las ayudas audiovisuales te serán siempre de mucha utilidad, por lo que, cada vez que puedas, apóyate en ellas.
  Cuenta con ellas porque eso te ayudará a conseguir que tus interlocutores fijen tus ideas principales y se queden con lo esencial de tu presentación.
  No abuses de los colores claros, pues en función de la iluminación del local, podrían no distinguirse claramente, y ya sabes, si no se ven, no te ayudan a conseguir el objetivo.
  Elige cuidadosamente las imágenes que emplearás. Acuérdate de que el objetivo de las imágenes es apoyar las pala-

bras, por lo que, si la imagen elegida no clarifica o apoya, no la emplees.

En cada transparencia que emplees procura revisar que:

o Lo escrito es las mismas es gramaticalmente correcto, sin errores.

o El tamaño de letra sea lo suficientemente grande como para que se pueda leer, sin dificultad, desde la última fila.

o Sólo incluye en cada transparencia aquello que aporte información o clarifique lo que estés contando.

o Utiliza pocas líneas por punto, y pocos puntos por transparencia.

• Para finalizar, recuerda:

o ¡Cualquiera que aspire a mejorar como comunicador debería luchar por mejorar su formación (ética o moral y técnica)!

o ¡Si aspiras a tener éxito en cualquier presentación, la preparación es siempre esencial!

o No olvides cuidar y practicar tu comunicación no verbal, pues ya sabes que a través de ella se transmite, aproximadamente, un 70% de tu mensaje.

o Para preparar adecuadamente cualquier charla o escrito deberías:

– Saber qué espera y necesita tu audiencia, o quienes vayan a leer tus escritos y actuar en consecuencia.

– Ajustarte al tiempo o espacio concedidos.

– Conocer de antemano las características esenciales del local y los medios técnicos con que contarás.

– Estructurar adecuadamente el contenido de tu charla.

– Practicar, practicar... y practicar.

o Recuerda que nada mueve más que el ejemplo, y que la mejor forma de persuadir es que cada vez que hables te muestres convencido de lo que estés diciendo.

Siempre he sentido admiración por esas personas capaces de ponerse frente a un auditorio y hacerles vibrar con sus palabras.

Antes pensaba que ellas tenían unas dotes excepcionales y que yo jamás podría acercarme a lo que, sin aparente esfuerzo, conseguían con su sola presencia.

Ahora, tras años de experiencia y muchos errores a mis espaldas que me han generado no poco aprendizaje, realmente creo que: **si quieres, se puede.**

Muchas gracias.